Mazal

Königliche Bücherliebe

Otto Mazal

Königliche Bücherliebe
Die Bibliothek des Matthias Corvinus

AKADEMISCHE DRUCK- u. VERLAGSANSTALT
GRAZ/AUSTRIA

ISBN 3-201-01509-1

Reproduktion und Druck:
P + A, Neufeldweg 75, A-8010 Graz/Austria

Printed in Austria

INHALT

I.
DIE HUMANISTISCHE BEWEGUNG

Zu den berühmtesten und bedeutendsten Fürstenbibliotheken der Renaissance zählte die Büchersammlung des ungarischen Königs Matthias I. Corvinus. Noch aus den erhaltenen Resten kann ersehen werden, welche umfassende Sammlung antiker, mittelalterlicher und humanistischer Autoren der König besaß; wenn die Bibliothek zwischen 2000 und 2500 Bände umfaßt haben dürfte, könnten das unter Berücksichtigung von Sammelbänden durchaus an die 4000 bis 5000 Texte gewesen sein, von denen viele zur Zeit des Sammlers sogar noch unpubliziert waren. Mit der äußeren Aufmachung durch Kalligraphie, Buchschmuck und kostbare Einbände trat die Bibliotheca Corviniana ebenbürtig neben Kollektionen von italienischen Fürsten wie jene der Medici, der Sforza oder der Aragonesen, neben die päpstliche Bibliothek in Rom, neben die Sammlung der Luxemburger in Prag. Was aber den Inhalt der Bibliothek anbelangt, kannte die Bibliothek des ungarischen Königs – vielleicht mit Ausnahme der Vatikanischen Bibliothek – kaum eine Rivalin. Die Bedeutung der Sammlung von Matthias Corvinus wird aber nur verständlich, wenn man sie vor dem Hintergrund der humanistischen Bewegung betrachtet. Einerseits ist der Aufbau und die Struktur der Corviniana durch die Geistigkeit des Frühhumanismus des 15. Jahrhunderts bedingt; andererseits trug eben diese Bibliothek wesentlich dazu bei, europäische Humanisten mit dem Geist der antiken Kultur bekannt zu machen.

Der Begriff des Humanismus wurde seit dem 19. Jahrhundert mit der Epoche der Renaissance und ihren klassischen Studien in enge Verbindung gebracht. Allerdings erfuhr der Terminus neuerdings eine verwirrende Vervielfältigung, da nahezu jedes Anliegen und jede Bewegung, die menschliche Werte zum Objekt hat, als humanistische angesprochen wurde. Als der Begriff des Humanismus 1808 vom deutschen Pädagogen Friedrich Immanuel Niethammer geprägt wurde, sollte damit die Bedeutung der griechischen und lateinischen Klassiker auf den höheren Schulen im Gegensatz zum wachsenden Anspruch der naturwissenschaftlichen Bildung unterstrichen werden. In eben diesem Sinne wurde in der Folge der Begriff auf die Gelehrten der Renaissance angewandt, die sich intensiv den klassischen Studien gewidmet hatten. Dies geschah auch insofern zu Recht, als die Antike im Rahmen des Bildungsideals der

Renaissance eine viel zentralere Stellung einnahm als je zuvor und danach in anderen Epochen und Bewegungen, die zur Antike in ein Nahverhältnis getreten waren. Der Begriff „humanista" selbst ist älter; er entsprang wahrscheinlich der Studentensprache der italienischen Universitäten und bezeichnet den Professor oder Studenten der humanistischen Fächer; es dürfte sich um eine Analogiebildung zu Begriffen wie iurista, legista, canonista, artista handeln, die als Termini bereits an den Universitäten für die Lehrer der Rechtswissenschaft oder der Freien Künste etabliert waren. Der neue Begriff beruhte seinerseits auf der aus der Antike stammenden Konzeption der „studia humanitatis"; römische Autoren verwendeten diesen Terminus bereits im Sinne einer literarischen Bildung, die gewisse Schwerpunkte aufwies. So kann denn auch festgestellt werden, daß sich bis zur ersten Hälfte des 15. Jahrhunderts die „studia humanitatis" zu einem Kanon von Fächern entwickelt hatten, die Grammatik, Rhetorik, Geschichte, Dichtkunst und Moralphilosophie umfaßten. Da für das Studium und die Pflege jedes dieser Fächer die Lektüre der einschlägigen lateinischen und griechischen Autoren notwendig war, mußte die modellhafte Bedeutung der antiken Literatur ungemein zunehmen. Der Renaissance-Humanismus ist also weniger als ein geschlossenes System aufzufassen als vielmehr als ein Bildungs- und Kulturprogramm, das sich um einen festen Kern von Disziplinen rankte, die einen literarischen Schwerpunkt bildeten. Auf diesem Kanon beruhen letztlich noch heute die humanistischen Studien. Wenn Literatur, Rhetorik, Historiographie, Ethik im Zentrum standen, bedeutete dies auch, daß zunächst Fächer wie Logik, Naturphilosophie, Metaphysik, Naturwissenschaft, Jurisprudenz und Theologie nicht einbezogen waren, sämtlich Bereiche, die im Lehrplan der mittelalterlichen Universitäten längst ihren angestammten Platz innehatten. Die Bedeutung des literarischen Aspekts des Humanismus wuchs, da viele Humanisten Lehrer der humanistischen Fächer an höheren Schulen und Universitäten wurden oder als Sekretäre und Minister von Städten und Fürsten wirken konnten, ein Umstand, der für die Verbreitung der „studia humanitatis" von großer Wichtigkeit war.

Die Humanisten standen, genau besehen, in einem wesentlichen Ausmaß in einer jahrhundertelangen Tradition der Rhetorik, die ihre Wurzeln bei den griechischen Sophisten hatte. Der Rhetoriker setzte sich zum Ziel, über alles reden und schreiben zu können, während der Philosoph bestrebt sein mußte, über alles nachzudenken. Auch diese Rivalität, die bereits in der griechischen Antike vorhanden war, tauchte im 15. Jahrhundert wieder auf, als humanistische Gelehrsamkeit in Konkurrenz zur scholastisch orientierten Philosophie trat. Allerdings wurden die Beziehungen der beiden Strömungen insofern komplizierter, als die rhetorisch orientierten Humanisten auch die Moralphilosophie in ihren Fächerkanon einbezogen, während die Philosophen auch die Rhetorik in ihre Studien aufnahmen. Die praktisch ausgerichtete Tradition der Rhetorik hatten im mittelalterlichen Italien die „dictatores" fortgeführt, Autoren von Lehrbüchern und Mustersammlungen und Verfasser von Urkunden, Briefen und Ansprachen. Der neue Beitrag der Humanisten bestand in der neuen Orientierung an der Antike, im Glauben, die Alten studieren zu müssen, um gut reden und schreiben zu können. Daher gab auch die Praxis im 15. Jahrhundert einen mächtigen Anreiz, sich mit der Antike zu beschäftigen.

Ein vertiefter Blick auf das Phänomen des Renaissance-Humanismus lehrt, daß zwischen dem lateinischen und dem griechischen Bereich genauer unterschieden werden muß. Im Bereich der lateinischen Sprache und Literatur war zwar eine lange Tradition feststellbar, doch waren im Mittelalter die Akzente anders gesetzt und die Sprache vom antiken Ideal weit abgewichen. Ein neuer Standard humanistischen Lateins mußte daher eine Umwälzung bedeuten. Dazu trat auch die Entdeckung vieler in Vergessenheit geratener lateinischer Autoren. Sicher waren es mittelalterliche Handschriften, auf die man bei den Entdeckungsreisen stieß; doch wenn ein Text nur durch einen oder zwei karolingische Codices erhalten geblieben ist und nur wenige Spuren von seiner Verwendung im Mittelalter zeugten, kann man die Auffindung und Verbreitung des Textes durch Humanisten als Entdeckung bezeichnen. Tatsächlich wurden Autoren wie Lukrez, Tacitus, Manilius neu von den Humanisten wiederentdeckt. Oft ging die Trennungslinie sogar durch das Werk eines Autors, wenn zu den bereits bekannten Schriften neue, noch unbekannte traten. Ein gutes Beispiel ist Cicero, dessen Briefe, viele seiner Reden oder der „Brutus" erst wieder durch den Spürsinn der Humanisten aufgefunden wurden. Die Humanisten entfalteten als Kopisten von Handschriften und später als Herausgeber von Texten im Buchdruck eine rege und segensreiche Tätigkeit. Auch beschränkten sich die Humanisten nicht mit dem Abschreiben und Edieren der Texte allein, sondern entwickelten Methoden der Textkritik, der historischen Kritik, beschäftigten sich mit Orthographie, Grammatik und Rhetorik, Historiographie und Mythologie, schufen einen neuen Standard der lateinischen Sprache, erfanden in Nachahmung der karolingischen Minuskel eine neue Schrift in Gestalt der humanistischen Minuskel, aus der wiederum die Antiqua des Buchdrucks hervorging, und begründeten eine Reihe neuer Fächer wie klassische Philologie, Archäologie, Epigraphik und Altertumskunde. Aus der Lehrtätigkeit der Humanisten resultierten zahlreiche Kommentare und Spezialmonographien, die vom wachsenden kritischen Geist geprägt waren.

Auf dem Gebiet der griechischen Sprache und Literatur mußte die humanistische Bewegung etwas völlig Neues bedeuten und bewirken. Die griechische Literatur war während des Mittelalters nur im byzantinischen Osten gepflegt worden, während die griechische Sprache und Literatur im Westen weitgehend unbekannt waren. Als sich zu Beginn des Mittelalters der lateinische Westen vom byzantinischen Osten trennte, kam ihm der direkte Zugang zur griechischen Kultur abhanden. Bis zur Mitte des 11. Jahrhunderts war der Westen weitgehend auf die Hilfsmittel der lateinischen Tradition angewiesen. Nur geringe Reste der griechischen Literatur standen in Übersetzung zur Verfügung: neben der Bibel und vielen Kirchenvätern der „Timaios" des Platon, die „Kategorien" und „De interpretatione" des Aristoteles mit der Einleitung des Porphyrios in der Übersetzung von Boethius, einige mathematische und medizinische Schriften. Im 12. und 13. Jahrhundert wurden dem Abendland zahlreiche griechische Texte erstmalig durch Übersetzungen aus dem Arabischen bekannt, bis die Übersetzungen direkt aus dem Griechischen einsetzten. Aber erst der italienische Humanismus hatte auf Grund des nachhaltigen Zugriffs zu byzantinischen Quellen das Verdienst, griechische Sprache und Literatur dem Abendland wiedergegeben und damit den Grundstein zur humanistischen Bildung im Vollsinn gelegt zu haben. Griechische Emigranten strömten nach dem Westen, nicht zuletzt infolge des bedrohlichen Vorrückens der Türken; sie und italienische Reisende brachten unzählige Handschriften aus dem Osten nach dem Westen; die ersten Sammlungen griechischer Handschriften wurden angelegt. Griechen wirkten als Kopisten von Handschriften, als Lehrer des Griechischen, als Herausgeber von Texten, als Korrektoren und Drucker griechischer Texte in der neu erfundenen Technik des Buchdrucks mit beweglichen Lettern. Bald traten auch die Abendländer würdig in die Fußstapfen ihrer griechischen Lehrer. Die Humanisten führten das Griechische in den Lehrplan der höheren Schulen und

Universitäten ein. Da die Kenntnis der griechischen Sprache erst allmählich um sich griff, war es das große Verdienst der Humanisten, fast die gesamte damals bekannte griechische Literatur auch in das Lateinische übersetzt und derart in das westliche Denken integriert zu haben. Zwar gab es schon im Mittelalter lateinische Versionen griechischer Texte; nun traten aber entweder neue, verbesserte neben sie oder es wurden erstmals lateinische Übersetzungen geschaffen. Texte wie Homer, Hesiod, Aischylos, Sophokles, Euripides, Aristophanes, Herodot, Thukydides, Pindar, Xenophon, Platon, Isokrates, Demosthenes, Plutarch, Lukian, Plotin, Epikur – um nur einige hervorragende Autoren zu nennen – wurden erst damals dem Abendland bekannt. Manchmal ging auch hier die Trennungslinie durch das Werk eines Autors. Teile der Schriften von Aristoteles, Platon, Hippokrates, Galenos, Ptolemaios und etlicher Kirchenväter waren im Mittelalter bekannt; aber nun stand man vor dem gesamten Komplex der originalen Schriften der jeweiligen Autoren. Mit dem Ende der Renaissance stand dem Abendland nahezu der gesamte Bereich der erhaltenen griechischen Literatur zur Verfügung, und auch byzantinische Literatur wurde in steigendem Maße einbezogen, zumal noch kein puristischer Klassizismus antike und mittelalterliche griechische Autoren trennte. Erst die neueste Zeit sollte durch Papyri und Palimpseste einen Zuwachs der Kenntnis von Texten bringen.

Nach der Mitte des 15. Jahrhunderts erstreckte sich der Einfluß der humanistischen Gelehrsamkeit über die zunächst engen Grenzen der „studia humanitatis" hinaus auf alle Bereiche der Renaissance-Kultur; auch Philosophie und Naturwissenschaft wurden nun einbezogen. Da die „studia humanitatis" jedem Schüler einer höheren Schule eine humanistische Ausbildung vermittelten, mußten diese auch auf den weiterführenden Fakultäten der Universitäten von Einfluß werden. Die Einwirkung des Humanismus auf die Philosophie zeigte sich nicht zuletzt darin, daß noch im 15. Jahrhundert bedeutende Denker wie Nicolaus Cusanus, Marsilio Ficino und Giovanni Pico della Mirandola philosophische Leistungen auf der Basis humanistischer Ausbildung hervorbrachten.

Zu den Einflüssen des Humanismus auf die Geistesgeschichte zählen auch die Betonung des Wertes, der Würde und der Sonderstellung des Menschen, ferner die Vorliebe für den Ausdruck der Einmaligkeit von Gefühlen, Meinungen und Erfahrungen, die in einen gewissen Individualismus mündete. Die antike Tradition machte sich vor allem im Sinn für Eleganz, Klarheit des Stiles, Betonung der Form bemerkbar. Antike

Quellen, Zitate und Ideen scheinen im gesamten Spektrum der Literatur und der Künste auf. Öfters wurde auch versucht, die philosophischen Schulen der Antike neu zu beleben. Eine Belebung des Platonismus steht neben der fortlaufenden Tradition des Aristotelismus; aber auch Stoa, Epikureismus oder Skeptizismus feierten eine Wiedererstehung bei etlichen Denkern. So darf der Renaissance-Humanismus als eine breite literarische und kulturelle Bewegung angesprochen werden, die – ohne selbst eine philosophische Bewegung gewesen zu sein – auch bemerkenswerte Einflüsse auf die zeitgenössische Philosophie ausübte. Im Wiederaufleben der antiken Bildung und im Vertrauen auf den Wert der humanistischen Fächer liegen grundliegende Wesenszüge des Humanismus vor; nie wieder stand die Antike derart im Mittelpunkt des geistigen Interesses wie im Renaissance-Humanismus. Die Bewegung des Humanismus sollte denn auch allmählich alle nationalen, religiösen, philosophischen und fachlichen Grenzen und Trennlinien überwinden. Dem Westen stand infolge der Wirksamkeit der Humanisten der gesamte Komplex philosophischer, wissenschaftlicher und schöner Literatur der Griechen zur Verfügung, was dem Mittelalter versagt gewesen war, ebenso eine vertiefte Kenntnis der lateinischen Literatur. Die Folge mußte eine Vielfalt neuer Ideen sein, deren Durchformung vom 15. bis zum 17. Jahrhundert reichen sollte. Die Bibliothek des König Matthias I. Corvinus sollte in diesem erregenden Rezeptionsprozeß des Abendlandes eine sehr bedeutsame Rolle spielen; in ihrer Struktur spiegelte sich gleichsam wie in einem Mikrokosmos der Makrokosmos der humanistischen Bewegung.

II.
KÖNIG MATTHIAS I. CORVINUS VON UNGARN ALS HUMANIST UND BIBLIOPHILER SAMMLER

Schon in den friedlichen Jahrzehnten des 14. Jahrhunderts war am Hofe der ungarischen Könige und an den Sitzen der Barone eine spätritterliche Kultur erblüht, die auch in der Kunst zum Tragen kam; der Umbau von Zwingburgen zu palastartigen Schlössern oder prächtige Werke der Plastik, der Goldschmiedekunst und der Malerei zeugen davon. Im 15. Jahrhundert entwickelte sich auch eine lebendige spätgotische Stadtkultur. Trotz mancher Versuche gelang es allerdings noch nicht, eine lebensfähige einheimische Universität ins Leben zu rufen, so daß die ungarischen Studenten die Hochschulen Italiens, von Wien und von Prag frequentierten. Aber bereits unter der Dynastie der Anjou, die 1308 bis 1382 die Könige von Ungarn stellten, lassen sich Zeichen frühhumanistischer Bildung erkennen. König Ludwig der Große (1342–1382) korrespondierte mit Petrarca und Coluccio Salutati. Die Biographie des Königs aus der Feder von Johannes Küküllei (1320–1394) ist das erste humanistische Werk in Ungarn. Unter Kaiser Sigismund (1387–1437) drangen abermals neue Impulse ins Land. So hielt sich etwa der bedeutende Humanist Pier Paolo Vergerio in den Jahren 1428 bis 1444 in Buda auf; diesem Humanisten ist auch die erste humanistische Pädagogik zu verdanken. Männer wie der Jurist Branda Castiglione, der Humanist Francesco Filelfo oder der große Übersetzer Ambrogio Traversari weilten ebenfalls zeitweise in Buda. In der Zeit der Hunyadis, der Epoche der Regierung von König Matthias, sollte die Begründung und die Förderung der humanistischen Bewegung in Ungarn einen Höhepunkt erreichen. János Vitéz von Zredna (um 1408–1472) – in Italien ausgebildet, 1445 Bischof von Großwardein, Leiter der königlichen Kanzlei, 1465 Erzbischof von Esztergom, 1471 Kardinal – zugleich Freund Pier Paolo Vergerios, legte den Grundstein für die ungarische humanistische Literatur. Die Mitarbeiter der königlichen Kanzlei standen mit den europäischen Höfen in Verbindung. Vitéz selbst sammelte eifrig Handschriften, ließ bei Vespasiano da Bisticci arbeiten und emendierte eigenhändig seine Codices. Zu seinen Korrespondenten zählten etwa Papst Nikolaus II., Guarino da Verona, Enea Silvio Piccolomini, Georg Peuerbach; in seinem Kreis verkehrte der begabte Astronom Johannes Regiomontanus. Die Sammlung der Briefe von Vitéz, das 1451 entstandene Epistolarium, war ein erstes durchaus vom Humanismus getränktes ungarisches Werk und stellte ein Modell für die neue Latinität in Ungarn dar. Zu den Schülern von Vitéz sollte auch König Matthias zählen, der bei ihm lateinische Formulierkunst und den Einsatz der Schriftlichkeit als politische Waffe lernte.

Der Neffe von Vitéz, Janus Pannonius (1434–1472) studierte bei Guarino da Verona in Ferrara; er sprach bereits fehlerlos Griechisch; nach seiner Rückkehr aus Italien 1459 Bischof von Fünfkirchen geworden, wurde er einer der einflußreichsten Männer am königlichen Hof. Seine Gesandtschaft nach Rom brachte ihm tiefere Kenntnis des Neuplatonismus und die Freundschaft des Marsilio Ficino. Trotz seines tragischen Endes wirkten seine Dichtungen in der ungarischen Literatur nach. Janus Pannonius darf als Begründer der lateinischen humanistischen Dichtung in Ungarn angesprochen werden. Nach 1476 entwickelte sich auch ein platonischer Kreis am Königshof; ein anderer platonischer Zirkel wuchs um Nikolaus Báthory, Bischof von Waitzen (1430–1506). Als Königin Beatrix von Aragon (1457–1508) nach Ungarn kam, verstärkte sich der Verkehr von Ausländern am Hofe. Der Historiograph Pietro Ransano (1428–1492) schuf das erste historische Werk im humanistischen Stil. Antonio Bonfini (1434–1503), der in Florenz, Padua und Ferrara studiert hatte, bot 1486 König Matthias seine Dienste an; er übersetzte Herodian, Hermogenes, Philostratos aus dem Griechischen ins Lateinische und bearbeitete die ungarische Geschichte aus der Sicht des Humanismus. Sein Ideal war der kraftvolle Fürst, dem es gelingt, die Anarchie und die Türkengefahr zurückzudrängen, weil er sich auf einen tapferen und wirtschaftlich starken Adel, auf reiche Bürgerstädte, im Wohlstand lebende Untertanen und eine hochgebildete Schicht stützen kann. Zu angesehenen Literaten des späten 15. Jahrhunderts gehörten auch Franciscus Bakócz († 1508), Peter Garázda († 1507), Johannes Megyericsei († 1517) und Peter Váradi († 1503).

Die Blüte der geistigen Kultur stand allerdings durch lange Zeit in einem starken Kontrast zur immer drohender werdenden Türkengefahr. Nach dem Mißlingen des letzten Kreuzzuges – etwa nach der Katastrophe von Varna 1444 – war Südeuropa schutzlos den Osmanen preisgegeben. Eine Zeitlang hielten sich noch einerseits der Mangel an stabilen monarchischen Einrichtungen, die politische Schwächung des Stadtbürgertums, der in Kreisen des niederen Adels verhaftete Lokalismus und andererseits die wirtschaftliche Expansion der Bauernbürger, die militärisch erprobten und opferbereiten Soldatenbarone und die für die neue Kultur offenen Laien und Kleriker die Waage. Die politische Geschichte der ersten Hälfte des 15. Jahrhunderts mußte demnach sehr bewegt gewesen sein. Nach dem Tode von König Wladyslaw I. (1440–1444) in der Schlacht bei Varna endete eine kurze Periode der polnisch-ungarischen Union. Vordringliche Aufgaben blieben daher die Verteidigung des Landes gegen die Türken und die Lösung der Thronfolgefrage. Zunächst konnte der Habsburger Ladislaus V. Postumus (1440/45–1457) als König anerkannt werden; der als siegreicher Feldherr bewährte Wojwode von Siebenbürgen, Johannes Hunyadi, konnte die Stellung eines Reichsverwesers erlangen. Ladislaus, der 1453 auch König von Böhmen wurde, vermochte keine straffe Zentralgewalt aufzubauen. Die erfolgreiche Verteidigung von Belgrad gegen die Türken 1456 bewirkte indes, daß Ungarn in den nächsten Jahrzehnten keinem osmanischen Gegenangriff mehr ausgesetzt war. So bahnte Hunyadi seinem jüngeren Sohn Matthias den Weg zur Macht. Nach dem Tode von König Ladislaus wurde Matthias nach chaotischen Parteikämpfen zum König von Ungarn gewählt. In seiner Regierungszeit von 1458 bis 1490 stieg Ungarn zur beherrschenden Vormacht Europas im Südosten auf. Matthias, mit dem latinisierten Beinamen Corvinus (wofür auch der Rabe als Wappentier Zeugnis ablegt), unter der Anleitung des Humanisten Johannes Vitéz de Zredna sorgfältig erzogen und überaus gebildet, erwies sich trotz seiner Jugend alsbald durch Energie, Diplomatie, Selbständigkeit und Durchsetzungsvermögen als die letzte große Herrschergestalt des noch ungeteilten Ungarn; er wurde zum Exempel eines echten Renaissancefürsten.

Den Beginn seiner Herrschaft überschatteten Kämpfe um Krone und Legitimität, da vor allem Friedrich III. Anspruch auf den ungarischen Thron erhob und die Stephanskrone nicht herausgab. Erst 1464 konnte Matthias in Stuhlweißenburg mit der Stephanskrone gekrönt werden, nachdem Friedrich III. 1462 den jungen König „an Sohnes Statt" angenommen, aber den Titel eines ungarischen Königs beibehalten hatte. Sogar in den späteren Kriegen gegen Friedrich III. wurde dieser Erbvertrag nicht aufgehoben. Matthias heiratete 1475 in zweiter Ehe Beatrix von Aragon; die Ehe blieb allerdings kinderlos und die Legitimierung des unehelichen Sohnes Johannes Corvinus († 1504) wurde zu spät unternommen, als daß sie dynastisch hätte wirksam werden können. Auch ein zweiter Versuch, Matthias einen Gegenkönig entgegenzustellen, schlug fehl. Hohe Beamte und Bischöfe, wie Johannes Vitéz de Zredna, seit 1465 Erzbischof von Esztergom, und dessen Neffe Janus Pannonius, Bischof von Fünfkirchen, und andere Magnaten forderten 1471 Kasimir IV. von Polen auf, seinen jüngeren Sohn Kasimir zur Thronübernahme nach Ungarn zu senden. Der Vorstoß scheiterte jedoch, Johannes Vitéz mußte sich zur erneuten Treuekundgebung bequemen, starb aber bereits 1472. In der Folge begünstigte Matthias Ausländer – Deutsche, Böhmen, Italiener – bei der Besetzung von Bischofsstühlen. In den beiden letzten Lebensjahrzehnten stellte Matthias seine Politik weitgehend auf Sicherung seiner Stellung durch eigene Aggressivität um, allerdings unter Vernachlässigung der Türkenabwehr. Schon 1469 erklärte er seinem ersten Schwiegervater, Georg Podiebrad von Böhmen, den Krieg, konnte 1469 zum König von Böhmen gewählt werden und führte acht Jahre (1471–1479) einen Kampf, in dem er Mähren, Schlesien und die Lausitzen behaupten und insbesondere die Sympathien der Schlesier gewinnen konnte.

Matthias schaltete sich geschickt auch in die europäische Politik ein, nachdem er durch die Herrschaft in den böhmischen Nebenländern eine bedeutende Machtstellung errungen hatte. Nun konnte er die Auseinandersetzung mit Friedrich III., die 1477 vorübergehend unterbrochen war, wieder fortsetzen. Vielleicht stand ihm die Schaffung eines südosteuropäischen Großreiches mit Wien als Zentrum und als Bollwerk gegen die Türken vor Augen. Im Jahre 1480 wurde der Kampf eröffnet, nachdem unter anderem schon 1476 Erzbischof Johann Beckensloer von Esztergom abgefallen war und sich 1478 als Salzburger Erzbischof durchsetzen konnte, während sich Erzbischof Bernhard von Rohr aus Salzburg in ungarischen Schutz begab. Matthias machte weitreichende Eroberungen und nahm 1485 sogar Wien ein, wo er bis zu seinem Tode meistens residierte. Als 1487 auch Wiener Neustadt fiel, verhielt sich Matthias in Niederösterreich wie ein Landesherr. Ein Waffenstillstand beendete 1487 die Kämpfe, doch waren die politischen Ziele des Königs noch nicht erreicht, als Matthias am 6.4.1490 in Wien überraschend starb.

Im ersten Abschnitt seiner Regierungszeit hatte Matthias für eine aktive Grenzsicherung gegenüber dem Osmanischen Reich noch Sorge getragen. Aber 1463 fiel Bosnien an die Türken, die Herzegowina 1482. Matthias konnte nur ephemere Erfolge erzielen; immerhin betonte Matthias in zahlreichen Schreiben an die Kurie seinen Willen zum gemeinsamen Abwehrkampf gegen die Osmanen, zumal türkische Vorstöße bis

Abb. 1. *Abū'l-Ḥasan ʿAlī ibn Riḍwān ibn ʿAlī al-Misrī, Kommentar zum Quadripartitum des Claudius Ptolemaios, im Auftrag von König Alfons X. von Kastilien ins Lateinische übersetzt von Aegidius de Tebaldis.*
Prachthandschrift aus der Werkstätte von König Wenzel IV. von Böhmen, Prag, um 1400.
Zierseite mit Bild des Königs Alfons X. von Kastilien in Initiale S, und Bordüren aus farbigen Akanthusranken, darin u. a. Wilde Männer, Bademädchen, König Wenzel im Block und Wappen (Böhmen, Ungarn).
Wien, Österreichische Nationalbibliothek, Cod. 2271, Bl. 1r.
Das klassische Handbuch der Astrologie im Altertum, die „Tetrabiblos" des Claudius Ptolemaios, wurde im 8. und 9. Jahrhundert zweimal ins Arabische übersetzt; das Werk wurde in der Folge von vielen arabischen Autoren kommentiert. Der am weitesten verbreitete Kommentar war jener des Abū'l-Ḥasan ʿAlī ibn Riḍwān ibn ʿAlī al-Misrī (gestorben 1061). Dieser Kommentar wurde später auch ins Lateinische, Türkische und Persische übertragen. Der aus der Lombardei stammende Gelehrte Aegidius de Tebaldis übertrug auf Veranlassung von König Alfons X. von Kastilien (1252–1282) dem kommentierten Ptolemaios in der Fassung des ʿAlī ibn Riḍwān in die lateinische Sprache. Die Prachthandschrift der Österreichischen Nationalbibliothek mit ihrem überquellenden Schmuck ist ein Spitzenwerk der königlichen Werkstatt in Prag unter König Wenzel IV. von Böhmen (1378–1419). Der ornamentale Schmuck der Zierseite spielt durch Allegorien auf das Liebesleben des Königs und die mystische Rolle des Bades an. Der Codex gelangte von Böhmen nach Ungarn und war im ausgehenden 15. Jahrhundert bereits im Besitz von König Matthias Corvinus, der das Buch in einen neuen Prachteinband binden ließ. Spätestens um 1700 war die Handschrift im Eigentum der kaiserlichen Hofbibliothek zu Wien. (54% d. Originalgröße) ➤

Scire et intelligẽ gliosum ẽ
quia omnis sapiencia est
a deo. Eius est igr anima
gloriosa que intelligit et
discernit. ⁊ deus illum vere
diligit et elegit in quo po
sint superioris sciencie intel
lectum. Sciencia vero superior
est procul dubio ars astroȝ.
Quia omnes alie subiecte
sunt sibi. ⁊ ipsa fundata est
sup principia cta natura
lia comphendencia totuȝ
mūdum. Amplius neces
sarium est ut ꝑalias mgr
sus fiat pocius qm pueri
possit ad eam. ex quo pa
tet q ipsa sit superior ⁊ excel
lens. Ceterum dubitacio
nō occurrit qn̄ do diuina.
prouidencia disponente
superiorum corpm inferiora
omnia moueantur. cum
enim ipsa sint causa om̄
accidencium terrenoȝ. Qui
ergo se ingerit cura intelli
genciam sciencie sublimis
sic diligit deum cognoscē
omniū creatorem quia o
pus stellarum dei est. ⁊ ipe
tamqm vicarie dei opatur
quitquid accidit in terre
nis ¶ Item cum d's sit
idem ipe intellectus qnto
quis magis intelligit tā
to est deo propior. Cuius
nomen bndictum sit ꝑ se
cula sempitna ¶ Stude
at igitur intelligē vnus
quisqȝ quia sicut ait salo
mon. Intelligens gubna
cula possidebit. Ego vero
tamqm verus amator sa
piencie et scientum in spiciē

operis legentibus tedium generaret. &
In xp̄o ergo bonorum omnium auctore. q̇
sicut dicit Jeronimus. di. xxxv. c. ab &
exordio. in fine temporum veniens. ω.
que est grecorum litera ultima traxit &
ad A. que est latinorum prima. quia ex
tremitatem traxit ad principium. et
principium ad extremitatem. qui est
alpha. et ω. principium & finis. Spem
ponendo. hoc opusculum ab A. prima &
litera inchoans. usque ad extremam lic
teram alphabeti deduxi. ipso iuvante
qui est principium et finis. qui est be
nedictus in secula seculorum. amen.

Explicit prologus. Incipit &
Martiniana decreti et decretalium
a fratre Martino ordinis predicatorum
domini pape penitenciario et ca
pellano per alphabetum compilata

Quod aaron sacerdotium approbatur.

di. xxii. sacrosancta. Item suo sacerdo
cio sacerdocium summi pontificis rep
sentat di. xxi. § 1.
Item ipsius caritas multipliciter insi
nuatur. de pe. di. ii. §. opponitur
Item ponitur in exemplum dei vocis contra
usurpantes prelaturas. viii. q. 1. denique
post me.
Item ponitur in exemplum quod nemo &
honorem prelationis assumat. nisi
a deo vocatus viii. q. 1. In scripturis. ex
. i. t. ii. de elec. Qualiter.
Item ponitur in exemplum. quod nullus
homo potest esse sine peccato. de pe. d.
ii. §. opponitur. circa me.
Item ponitur in exemplum lapsis quod
post penitenciam ad prelaturam resti
tui possunt. di. 1. §. econtra exemplis.
Item cum filiis suis in exemplum po
nitur epis & clericis de mutua invicem
honoratione. di. xxv. Esto.
Item quod oblationes ecclesiarum solis sacer
dotibus debentur. prefigurat. x. q. 1. hanc.
Item est in argumentum quod deus dat &
graciam subditis per orationem sacerdo
tis. 1. q. 1. dictum. 1.
Item quod virga aaron devoravit vir
gas magorum. xxvi. q. v. Nec mirum.

Abbas.

Quod abbas non ab ep̄o ponitur
sed a monachorum congregatione eligitur.
. xviii. q. ii. Abbas in . 1. c. se.
Quod in abbatem eligi debet qui sit digni

◄ **Abb. 2.** *Martinus Polonus, Margarita Decreti et Decretalium (lateinisch).*
Lombardische Arbeit um 1450/60 (oder um 1470/80).
Zierseite mit Autorenbild in Initiale A; reicher Rahmen aus verflochtenen Spiralranken, Dornblättern, Rosen, Blättern, Putti und Tieren; Wappen des Königs Matthias und des Juristen Giovanantonio Sacca.
Wien, Österreichische Nationalbibliothek, Cod. 2139, Bl. 1v.
Der polnische Dominikaner Marinus Polonus (gestorben 1228) verfaßte ein praktisches Handbuch zum Decretum Gratiani, dem ersten Teil des Codex iuris canonici, des kirchlichen Gesetzbuches. Der Wiener Codex stellt eine in der Lombardei hergestellte Handschrift dar, die vom oberitalienischen Juristen Giovanantonio Sacca aus Parma 1488 bei seinem Besuch in Buda dem König Matthias Corvinus als Geschenk überreicht worden war. Der reiche Zierrahmen verbindet italienische und französische Stilelemente; der Autor des Buches wird nach mittelalterlicher Sitte in der dem Text einbegleitenden Initiale dargestellt. Der gesamte Codex ist mit 24 großen und fast 900 kleinen Initialen ausgeschmückt. (75% d. Originalgröße)

Abb. 3. *Titus Maccius Plautus, Comoediae XX (lateinisch).*
Hervorragende oberitalienische, wohl ferraresische Arbeit, zwischen 1465 und 1472 im Auftrag von König Matthias Corvinus für Erzbischof János Vitéz von Esztergom ausgeführt. Prachtvolles Titelblatt mit Ziertitel nach Art einer Inschrift auf Stein, Flechtwerkrahmen, Medaillons und Wappen.
Wien, Österreichische Nationalbibliothek, Cod. 111, Bl. 1r.
Das Wappen von Erzbischof János Vitéz von Esztergom beweist, daß die Handschrift ursprünglich für diesen Humanisten und Kirchenfürsten bestimmt war; sie stellte wohl ein Geschenk des Königs Matthias Corvinus dar. Die Porträts von Vitéz und Matthias sind in Medaillons zu erblicken. Die Handschrift kam erst 1806 aus Salzburg nach Wien. Das Altertum hatte 130 Komödien des Dichters Titus Maccius Plautus gekannt. Für die Überlieferung bestimmend war aber die Auswahl von 21 Komödien durch den Philologen Marcus Terentius Varro; von diesen 21 Stücken ging das letzte in der maßgeblichen Handschrift verloren, so daß nur noch 20 Komödien überlebten. Die Wiener Handschrift stellt eine bibliophile Abschrift der Palatinischen Redaktion der Plautuskomödien dar. (74% d. Originalgröße) ➤

PLAVTI POETE COMICI CLARISSIMI PRIMA COMEDIA

IN faciem uersus amphitrionis iupiter
Dum bellum gereret cu thelobois hostib9
Alcmenam vxorem coepit usuraria
Mercurius formam sosie serui gerit
Absentis his alcmena decipitur dolis
Postq rediere uiri Amphitrio ⁊ sosia
vterq3 deludunt dolis mirum in modu3
Hinc iurgium tumultus vxori ⁊ viro
Donec cum tonitru uoce missa ex ethere
Adulterium se iupiter confessus est.

ALIVD ARGVMENTVM

AMore captus alcumena iupiter mutauit sese
In formam illius coniugis pro patria amphitrio
Dum cernit cum hostibus habitum mercurius ei subseruit Sosie
Is aduenientis seruum ac dominum frustra hit turbas vxori
Ciet amphitrio atq inuicem raptant p mechis blefaro cape
Arbiter uter sit non quit amphitrio decernere
Omnem rem noscunt geminos Alcmena enititur.

PROLOGVS

AT uos in uostris uoltis mercimoniis emundis uendundisq3
Me letum lucris afficere atq adiuuare in rebus omnibus
Et ut res rationesq uestrorum omnium
Bene expedire uoltis peregreq3 [illegible] domi

TITI LIVII PATVINI AB VRBE CONDITA LIBER
PRIMVS INCIPIT·

FACTVRVS NE SIM OPEREPRETI
um si a primordio urbis res populi Romani
perscripserim nec satis scio nec si sciam dice
re ausim. Quippe qui cum ueterē tum uulga
tam esse rem uideam dum noui semper scri
ptores aut in rebus certius aliquid allatu
ros se aut scribendi arte rudem uetustate
superaturos credunt. Vtrunq; erit iuuabit tn̄
reꝝ gestaꝝ memorię principis terraꝝ po
puli pro uirili parte me ipm̄ consuluisse. Et
si in tanta scriptoꝝ turba mea fama in obscu
ro est. nobilitate ac magnitudine eoꝝ qui nomini officient meo consoler.
Res est preterea & immensi operis ut quę supra Septingentesimum ā
num repetatur: & quę ab exiguis profecta initiis eo creuerit ut iam
magnitudine laboret sua. Legentium plerisq; haud dubito quin primę
origines proximaq; originibus minus prebitura uoluptatis sint festinā
tibus ad hec noua quib; iam pridem preualentis populi uires se ipę con
ficiunt Ego contra hoc quoq; laboris premiū petam ut me a conspectu
maloꝝ quę nostra tot per annos uidit ętas tantisper certe dum pri
sca illa tota mente repeto: auertam omnis expers curę quę animum scri
bentis & si non flectere a uero solicitum tamen efficere possit. Quę ante
conditam condendamue urbem poeticis magis decora fabulis q̄ incō
ruptis reꝝ gestaꝝ monumentis traduntur: ea nec affirmare nec refel
lere in animo est. Datur hec uenia antiquitati ut miscendo humana di
uinis primordia urbium augustiora faciat. Et sicui populo licere oportet
consecrare origines suas & ad deos referre auctores ea belli gloria est
populo Ro: ut cum suum conditorisq; sui parentem Martem potissimū
ferat tam & hoc gentes patiantur ęquo animo q̄ imperium patiuntur:
Sed hęc & his similia utcunq; animaduersa aut existimata erunt: ha
ud in magno equidem ponam discrimine. Ad illa mihi pro se quisq;
acriter intendat aīum: quę uita. qui mores fuerint. per quos uiros:
quibusq; artib; domi militieq; & partum & auctum imperium sit La

◄ ***Abb. 4.*** *Titus Livius, Historiae Romanae decas I. (lateinisch).*
Geschrieben von Johannes Franciscus de Sancto Geminiano in Florenz, dortselbst im Stil von Francesco d'Antonio del Chierico um 1460/70 illuminiert.
Zierseite mit Randbordüre aus weißem Rankenwerk über Farbgrund und Goldleisten, mit Putti, Vögeln, Wappen und Initiale.
Wien, Österreichische Nationalbibliothek, Cod. 22, Bl. 1r.
Die Römische Geschichte des Historikers Titus Livius (gestorben 17 n. Chr.) reichte von der Gründung von Rom bis zum Tode des Drusus im Jahre 9 v. Chr. Überliefert sind leider nur mehr 35 Bücher (Buch 1–10, bis 293 v. Chr.; Buch 21–45, von 219 bis 167 v. Chr.; ein Bruchstück von Buch 96); dazu treten Inhaltsangaben der verlorenen Bücher. Das in gepflegter Sprache gehaltene Werk wurde zum Standardwerk der Geschichte der römischen Republik. Für die Überlieferung wurde die – nicht von Livius selbst stammende – Einteilung in Dekaden wichtig; jede Dekade hatte hinfort ihre eigene Überlieferung. Die Wiener Handschrift bildet eine Humanistenkopie der ersten Dekade (Buch 1–10), die der Schreiber Johannes Franciscus de Sancto Geminiano in Gotico-Antiqua im Florenz um 1470 vollendete. Der Schmuck aus dem Atelier des berühmten Buchmalers Francesco d'Antonio del Chierico zeigt noch die Spätphase des Florentiner Stils um 1450/70, dessen Ornament durch weißes ausgespartes Rankenwerk („bianchi girari") gekennzeichnet ist, das auf rotem, grünem und blauem Grund aufruht; es konnte in der Folge durch Goldstäbe gestützt und durch Putti und Vögel belebt werden. Auch die Initiale am Textbeginn wurde in denselben Schmuck einbezogen. Die Wiener Handschrift wurde vom Wiener Humanisten Johannes Cuspinianus nach Österreich verbracht; später besaß sie der Wiener Bischof Johannes Fabri (gestorben 1541). Bereits spätestens 1576 ist der Codex in der kaiserlichen Hofbibliothek nachzuweisen. (68% d. Originalgröße)

Abb. 5. Marcus Tullius Cicero, Orationes (lateinisch).
Prachthandschrift aus Florenz, geschrieben in Humanistica formata, um 1470 im Atelier des Francesco d'Antonio del Chierico illuminiert.
Zierseite: Autorenbild Ciceros in Landschaft, in goldener Initiale C. Reicher Rahmen aus weißem Rankenwerk über Goldleisten und farbigen Gründen, darin Medaillons, Putti, Vögel, Wappen.
Wien, Österreichische Nationalbibliothek, Cod. 11, Bl. 1r.
Marcus Tullius Cicero hatte im Bildungswesen und im Unterricht von der Antike bis zur Renaissance einen ungeheuren Einfluß ausgeübt; sein Stil wurde zum Maßstab des klassischen Lateins. Die Textgeschichte der Werke Ciceros – Reden, Briefe, rhetorische und philosophische Werke – ist aus dem erwähnten Grund sehr vielfältig. Im Zeitalter des Humanismus wurden viele während des Mittelalters verschollene Texte Ciceros wieder gefunden; Stil und Sprache Ciceros beeinflußten daher auch das humanistische Sprachideal nachhaltig.
Der Codex 11 der Österreichischen Nationalbibliothek veranschaulicht durch seine Pracht die Hochschätzung der Werke Ciceros im humanistischen Florenz. Der aus dem Atelier von Francesco d'Antonio del Chierico stammende Band zeigt den typischen Florentiner Schmuckstil um 1470 mit Bordüren aus weiß ausgesparten Ranken über Farbgründen. Die Sitte des Autorenbildes reicht bis in die Antike zurück; in der mittelalterlichen und der Renaissance-Buchmalerei wurde das Autorenbild häufig in eine Initiale am Beginn des Textes eingesetzt. Der vorliegende Codex stellte wohl ein Geschenk von König Matthias an Erzbischof János Vitéz dar; die Bibliothek von Vitéz wurde nach einer Insurrektion im Jahre 1472 vom König konfisziert. (66% d. Originalgröße) ➤

MARCI TVLLII CICERONIS ORATIO PRO SEXTO ROSCIO AMERINO INCIPIT FOE LI CI TER.

REDO EGO VOS IVDICES MIRA
RI QVID SIT. QVOD CVM TOT SV̄
mi oratores hominesq; nobilissimi sedeant: ego
potissimum surrexerim. qui neq; ætate: neq; in
genio. neq; auctoritate sim cum iis qui sedeant
comparandus. Omnes enim ii quos uidetis ades
se in hac causa: iniuriam nouo scelere conflatã
putant oportere defendi: defendere ipsi propter
iniquitatem temporum non audent. Ita fit: ut
adsint: propterea quod officium sequuntur: taceant autem idcirco: quia periculũ
metuunt. Quid ergo? audacissimus ego ex omnibus? minime: At tanto officio
sior q̃ cæteri: ne istius quidem laudis ita sum cupidus: ut aliis eam præreptam
uelim. Quæ me igitur res præter cæteros impulit: ut causam sexti roscii recipe
rem? quia si quis istorum dixisset quos uidetis adesse: in quibus summa aucto
ritas est atq; amplitudo: si uerbum de re. p. fecisset: id quod in hac causa fieri
necesse est: multo plura dixisse: q̃ dixisset putaretur. Ego etiã si omnia quæ di
cenda sunt libere dixero: nequaq̃ tamen similiter oratio mea exire atq; in
uulgus emanare poterit. Deinde quod cæterorum neq; dictum obscurum po
test esse propter nobilitatem & amplitudinem: neq; temere dicto concedi pp
ter ætatem & prudentiam. Ego si quid liberius dixero: uel occultum esse: prop
ter ea quod non dum ad rem. p. accessi: uel ignosci adolescentiæ meæ poterit: tam
& si non modo ignoscendi ratio: uerum etiã cognoscendi consuetudo iam de ci
uitate sublata est. Accedit illa quoq; causa: quod a cæteris forsitan ita petitum
sit: ut dicerent: ut utrumuis saluo officio se facere posse arbitrarentur. A me at
ii contenderunt qui apud me & amicitia & beneficiis & dignitate plurimũ pos
sunt: quorum ego neq; beniuolentiam erga me ignorare: nec auctoritatẽ asper
nari nec uoluntatem negligere debeam. His de causis ego huic causæ patronus
extiti non electus unus qui maximo ingenio: sed relictus ex omnibus qui mini
mo periculo possem dicere. Neq; uti satis firmo præsidio defensus sex. roscius: uerũ
uti ne omnino desertus esset. Forsitan quæratis qui iste terror sit & quæ tanta

Reuerendissimo in Christo patri ac domino domino Bessa-
rion. Episcopo Tusculano Sancte Roman. Ecclie Car-
dinali patriarche Constantinopolitano Ioannes Ger-
manus se offert deuotissimum.

Dmiranti michi sepenumero uel potius g-
uiter & inique ferenti tam raros esse etate
nra optimarz disciplinarum non modo
preceptores v'm etiam studiosos satis copiar
videtur deprauata potius hominu na id fieri
q ad vicia procliues. uirtutem ac bonas artes
pro nichilo heant q q rerum ipsarum difficultas eos absterreat.
Siquidem maiores nri uel ab his que iam inuenta erant tradendis
uel ab inueniendis nouis nulla unq sunt difficultate preteriti qz
scz magno semper studio elaborauere. ut posteritatem non tam
auro atq opibz q uirtute & bonis artibz redderent locupletem. Non
dum enim ambicio & cetere cupiditates hominu ingenia inficere
ac labefactare ceperant. sola uirtus in precio erat. sua cuiq satis
placebant. nullus extrinsecus honor querebatur. vbi uo paula
tim cupido habendi mortalium animis irrepsit. defluere bonas ar-
tes. atq obsolescere virtutem necesse fuit. hinc nichil preter aurz
suaue creditum est. discipline probro habite sunt. eo q postre-
mo deuentum est miserie ut non modo promendis nouis ar-
tibus operam non nauemus. sed pocius quo impunius errare
liceat inuentas olim ac traditas per socordiam atq ignauiam
uelut somnolenti pretereamus. hec igr causa est cur pauci eta
te nra docti sint. cur pauci studiosi. cur iaceant studia bonaru
artium. & qui sepulta emergere ac suscitari non possint. fieri
tn enim pt ut difficultate rei discende homines perterrea
nec tam deesse debet ueniae locus. Sunt enim nonnullarz
disciplinarz aditus sup modum difficiles atq arduj. qualis est
eius discipline que astrorz periciam pollicetur. tum pp magni-
tudine atq excellenciam rerz in quibz uersatur. tum pp sca-
brositatem librorz qui ex peregrinis linguis in latinu conuersi. incre-
dibile dictum est quantam pre se difficultatem ferant. nam &
latinis editi pauci ad modum extant. habet profecto pstas
hec atq insignis disciplina excellentem quandam maiestatem ac

◄ ***Abb. 6.*** *Johannes Regiomontanus, Epitome Almagesti seu Megales Syntaxeos Ptolemaei, cum praefatione ad cardinalem Bessarionem.*
Prachthandschrift für Königin Beatrix von Ungarn († 1508), die zweite Gemahlin von König Matthias, in Florenz von Francesco d'Antonio del Chierico zwischen 1476 und 1480 illuminiert.
Zierseite mit reichem Rahmenschmuck aus Kandelabern, Obstschüsseln, stilisierten Blumen und Blattmotiven, Perlen, Putti, Bildfeldern und Wappen. Im rechten Rahmen ist das Porträt der Königin Beatrix zu erblicken, rechts unten das Idealbild des Ptolemaios. Eine goldene Initiale A über Farbgrund steht am Textbeginn.
Wien, Österreichische Nationalbibliothek, Cod. 44, Bl. 1r.
Die Prachthandschrift überliefert eine von dem Astronomen Georg von Peurbach begonnene und von dessen Schüler Johannes Regiomontanus († 1476) vollendete Zusammenfassung des astronomischen Hauptwerkes des Claudius Ptolemaios (2. Jh. n. Chr.), in dem das geozentrische Weltbild gelehrt worden war. Regiomontanus widmete das vollendete Werk dem Kardinal Bessarion, dem Haupt der griechischen Humanisten in Italien. Regiomontanus wurde 1467 von Matthias als Hofastronom nach Buda berufen, kehrte aber bereits 1471 nach Franken zurück. Die Prachthandschrift der „Epitome Alamgesti" zeigt das andauernde Interesse des ungarischen Hofes an der Autorität der antiken Astronomie, die erst durch die Revolution von Johannes Kepler erschüttert wurde. Der Codex trägt einen aus der Zeit von König Wladislaw II. stammenden Einband; er war spätestens 1576 in der Wiener Hofbibliothek vorhanden. (81% d. Originalgröße)

***Abb. 7.** Georgios Trapezuntios, In perversionem Problematum Aristotelis a Theodoro Gaza editam et problematicae Aristotelis philosophiae protectio.*
Geschrieben von Theodoricus olim Johannis Tuscanellae famulus in kursiver Humanistenschrift zu Rom, daselbst im 3. Viertel des 15. Jh. illuminiert; Wappen in Buda nachgetragen. Textbeginn mit Bordüre aus weißem Rankenwerk über Farbgrund, goldene Initiale P, Wappen des Königs.
Wien, Österreichische Nationalbibliothek, Cod. 218, Bl. 1r.
Zwei authentische Corvinen in Wien überliefern Werke des griechischen Humanisten Georgios Trapezuntios († 1484), der als Übersetzer profaner und kirchlicher Autoren wie Kyrillos von Alexandrien, Eusebios, Basileios, Gregorios von Nazianz, Johannes Chrysostomos, Platon, Aristoteles, Ptolemaios sich ebenso einen Namen gemacht hat wie durch seine Verteidigung des Aristotelismus, die Begründung der Dialektik und seinen bedeutsamen Versuch der Verbindung von Christentum und Islam. Aus der philosophischen Kontroverse um Platonismus und Aristotelismus erwuchs die Schrift gegen die Übersetzung der „Problemata" des Aristoteles durch Theodoros Gaza. Die vorliegende Handschrift ist eine römische Arbeit in kursiver Schrift und mit einfachem Schmuck; war doch Rom auch der Sitz des Humanistenkreises um Kardinal Bessarion, den Georgios Trapezuntios angriff. (Originalgröße) ➤

AD DIVUM ALFONSUM REGEM ARAGONUM ET UTRIUSQUE SICILIE GEORGII TRAPEZUNTII IN PERVERSIONEM PROBLEMATUM ARISTOTELIS A QUODÃ THEODORO CAGE EDITAM ET PROBLEMATICAE ARISTOTELIS PHILOSOPHIAE PROTECTIO.

PLATONEM et scripsisse scimus, & dicere solitum accepimus. Felices tunc fore ciuitates: cum aut reges philosophiam colent: aut philosophi ad regna uocabuntur. Nam cum duobus maxime ad gubernandas urbes gentes nationes, sapientia potestateq; opus sit: alterum philosophia parit: alterum regia prebet maiestas. Ita per philosophiam quidē gubernandi habetur scientia: per regnum uero regniq; uires & auctoritatem fit, ut qđ rex decreuerit id sanctum atq; inuiolabile permaneat. Quare & regnum philoso-

vide epistolas Leonardi aretini

LEONARDI ARETINI PREFATIO IN PHEDRV PLATONIS:

QVI LAVDANT SANCTI
tatem tuam beatissime
pater opus certe bonum
ac pium agere pergunt.
Sed contra tamen ac ipsi uolunt
efficere uidentur. Rem
enim supra suas uires ag
gressi cum magnitudini
eius parem orationem
prestare non possint. tantam audientibus illa
uideri faciunt quantam ipsi uerbis queunt re
ferre cum ueritate longe et sit maior. Ego autem
summas ac ueras laudes ipsis operibus tuis abun
de patere arbitror nec eloquentia omnino in
digere. qui in summo fastigio rerum summaque
licentia constitutus, ita salubriter omnia guber
nas atque moderaris ut uniuersi homines probita
tem ac sanctimoniam tuam magnopere admi
rentur. Hec cum per se illustrissima sint. tum ipa
ea de causa magis elucent quod exoleuerant iam
a seculo nostro. nec multis annis in ecclesia dei
reduci posse credebantur que a te infra paucos
menses summa cum prudentia uidemus redu
cta. Te enim antistite nihil ambitionis, nihil
iniquitatis nihil omnino sordis auditur aut
cernitur. Tu omnem pompam omnemque indi
gnam potentiam repulisti. Tu non ui nec armis

◄ ***Abb. 8.*** *Platon, Dialoge in lateinischen Übersetzungen von Leonardo Bruni und Ranuccio. Geschrieben und illuminiert in Florenz um 1450/70.*
Titelseite zum Dialog „Phaidros", mit Leiste aus weißem Rankenwerk über Farbgründen; goldene Initiale Q mit gleicher Verzierung; Wappen des Königs Matthis später eingemalt.
Wien, Österreichische Nationalbibliothek, Cod. 2384, Bl. 1r.
Die philosophischen Dialoge Platons wurden dem Abendland erst im Zeitalter des italienischen Humanismus zur Gänze bekannt; das Mittelalter hatte nur den „Timaios" in einer lateinischen Übersetzung um 400, den „Phaidon" und den „Menon" in der Übertragung durch Henricus Aristippus († 1162) und einen Teil des „Parmenides" in der Übertragung durch Wilhelm von Moerbeke (13. Jh.) gekannt. Die italienischen Humanisten übertrugen nunmehr alle Dialoge Platons ins Lateinische. Ein Zeuge dieser Vermittlung platonischen Gedankengutes ist auch der vorliegende Codex mit der Version der Dialoge „Gorgias", „Axiochos", „Apologia Socratis" und „Kriton". Die einfache Gebrauchshandschrift kam in den Besitz von König Matthias, der sicher auch eine Gesamtausgabe der platonischen Dialoge besaß. Der Codex 2384 gelangte durch den Humanisten Brassicanus nach Wien und kam in der Folge über die Sammlungen von Bischof Johannes Fabri († 1541), des Collegium ad S. Nicolaum und die alte Wiener Universitätsbibliothek 1756 in die Hofbibliothek. (Originalgröße)

Siebenbürgen die Schwäche des Verteidigungssystems aufzeigten. Ein Waffenstillstand von 1483 mit Sultan Bajezid II. schien vorläufig die Gefahr zu bannen.

Im Inneren gelang dem König trotz seiner häufigen Abwesenheit eine Stabilisierung der königlichen Macht, eine Ordnung der Finanzen und eine Zurückdrängung der Magnaten. Was aber in kultureller Hinsicht am meisten zählte, war der Aufschwung des geistigen Lebens. Die Wissenschaften gediehen unter italienischem Einfluß, die Architektur erlebte eine neue Blüte. Im Jahre 1467 gründete Matthias in Preßburg eine Universität, die sogenannte Academia Istropolitana, die unter ihrem ersten Kanzler, dem Erzbischof Johannes Vitéz, einen hohen Standard erreichte, bis 1472 wohl auch eine Blütezeit erlebte, leider nach 1490 aber ganz einging. Im Jahre 1480 wurde die Academia Corvina in Ofen begründet, ohne daß das geplante Riesengebäude je ganz vollendet wurde. Einen internationalen Ruf erwarb sich die königliche Bibliothek, die Bibliotheca Corviniana. Schon die zeitgenössischen Humanisten waren von ihrer Pracht und ihrem Umfang beeindruckt und begeistert. Die Renaissancebauten des Schlosses in Buda und des Jagdschlosses von Nyék waren berühmt, sind aber bis auf geringe Bruchstücke heute zerstört. Erhalten geblieben sind Steinplastiken in größerer Anzahl, darunter auch Skulpturen des Königs und der Königin. Zeugen einer regen Kirchenbautätigkeit sind unter anderem der Dom zu Preßburg, die Pfarrkirchen von Kaschau, Hermannstadt, Kremnitz (mit den Wappen des Königs und den Daten 1481, 1488, 1491) und die „Matthiaskirche“ in Buda. Trotz der Kriege und des hohen Steuerdrucks überstrahlte die Persönlichkeit des Königs und der kulturelle Aufschwung die Regierungszeit, die im Rückblick der Historiker als eine glückliche Epoche erscheinen mußte.

Mag auch die Bibliothek des Königs Matthias in späteren Jahren nach dem Tode des Besitzers zerstreut worden und heute nur mehr ein geringer Teil des ehemaligen Bestandes erhalten sein, so zeugen doch noch diese kostbaren Reste nicht nur von der ehemaligen Pracht der Handschriften, sondern auch von der großen Bedeutung der Sammlung für die Buch- und Geistesgeschichte. Es dürfte daher reizvoll sein, den Werdegang des Aufbaus der Bibliotheca Corviniana zu verfolgen.

Die Bedeutung der Bibliotheca Corviniana ist umso höher einzuschätzen, als sich in den frühen Zeiten des ungarischen Königtums keine Spuren einer königlichen Bibliothek finden lassen. Einzelne wertvolle

Bücher, die als Erbgut weitergegeben wurden, machten noch keine Sammlung aus. Selbst der Beiname „Könyves" (der Literat) für König Kálmán bezog sich nur auf liturgische Bücher. Erst unter der Dynastie der Anjou läßt sich eine Büchersammlung der königlichen Familie greifen. Bei Ludwig dem Großen ist schon Interesse für weltliche Literatur faßbar; ein wertvolles Denkmal dafür ist die „Ungarische Bilderchronik" (Képes Krónika). Als unter dem Luxemburger Sigismund eine königliche Residenz definitiv in Buda aufgeschlagen wurde, waren für die Entwicklung einer Bibliothek bessere Voraussetzungen gegeben. Sigismund erwarb Bücher aus der Sammlung seines bibliophilen Bruders Wenzel IV. von Böhmen; die Handschriften der Wenzelswerkstätte in Prag zählen zu den Spitzenwerken europäischer Buchkunst um 1390/1400. Auch Ladislaus V. bemühte sich um Bücher, verlangte von Friedrich III. das ihm zustehende Erbgut, wandte sich an Alfonso von Neapel und Borso von Mantua. Allerdings dürfte der Großteil dieser Bücher beim Regierungsantritt von Matthias nicht in Buda gewesen sein. Nichtsdestoweniger sind zwei berühmte Handschriften der Corviniana – der Ptolemaioskommentar des ʿAlī ibn Riḍwān (Wien, Österreichische Nationalbibliothek, Cod. 2271) und eine medizinische Enzyklopädie (Roma, Biblioteca Casanatense, Cod. lat. 459) böhmische Handschriften aus der Zeit Wenzels IV., dessen Wappen durch jenes von Matthias ersetzt worden ist. Daraus mag geschlossen werden, daß zumindest einige Bücher aus dem Besitz von Kaiser Sigismund in Buda zu finden waren. Auch von János Hunyadi, dem Vater von Matthias, mochten etliche Bücher stammen, da dieser in seinen späteren Lebensjahren zu Humanisten bereits engere Beziehungen unterhalten hatte. Wie dem auch sei, der junge Matthias konnte kaum mehr als an die hundert Bücher bei seinem Regierungsantritt sein Eigen genannt haben. Der Aufbau der staunenswerten Bibliothek ist also der persönlichen Fähigkeit und Initiative des humanistischen Königs zuzuschreiben. Es ist uns kein Datum einer Gründung einer königlichen Bibliothek bekannt; auch wissen wir nicht, wann Matthias systematisch Bücher zu sammeln begann. Es muß sich um einen allmählich sich beschleunigenden Prozeß gehandelt haben. Aus einem Brief des Königs an den Humanisten Pomponius Laetus in Rom vom 13.9.1471 geht aber bereits hervor, daß Matthias schon längere Zeit Bücher gesammelt hatte, einen Agenten und Buchmaler namens Blandius hatte, der eben von einer Sammlerreise kam; ebenso zeigt sich, daß schon damals italienische Humanisten Bücher dem König widmeten, dessen Ruf als Bibliophile daher bereits bestanden haben muß. Die humanistischen Ideale, die die Bischöfe János Vitéz und Janus Pannonius vertraten, und deren Sammlungen mußten ebenfalls einen Einfluß auf den frühen Aufbau der Corviniana gehabt haben. Aus den Quellen kann geschlossen werden, daß bereits nach 1467 ein nachhaltiger Aufbau der königlichen Bibliothek eingesetzt haben muß. Schon in den 60er Jahren empfing der König Widmungsexemplare. Im Jahre 1467 wurde die Universität Preßburg gegründet. Um 1467 arbeitete bereits Petrus Cenninius wohl als Schreiber für Matthias. Da Matthias ab 1469 auch den Titel eines böhmischen Königs führte, zeigen die Corvinen seit dieser Zeit zusätzlich den böhmischen Löwen im Königswappen. Zwischen 1465 und 1472 muß weiters an Impulse seitens des Humanisten Galeotto Marzio gedacht werden, der als Bibliothekar und Literat in Buda eine große Rolle spielte.

Etwa ein Drittel der erhaltenen Bücher aus der Bibliotheca Corviniana stammen aus der Zeit vor 1471. Die meisten von ihnen sind in Florentiner Manier mit Bordüren aus weißem Rankenwerk auf farbigen Gründen (den sogenannten „bianchi girari") verziert, deren Stil in die Periode von 1450 bis 1470 einzuordnen ist. Die Anzahl der in Italien und Ungarn zwischen 1467 und 1472 hergestellten und erworbenen Bände mag ebenfalls um die Hundert liegen. Einen größeren Zuwachs dürfte die Konfiskation von Büchern von Janus Pannonius und János Vitéz gebracht haben. Etliche der Handschriften von Vitéz blieben aber sicher auch in Esztergom, von wo sie 1476 der abtrünnige Erzbischof Beckensloer nach Salzburg bringen sollte. Aus der Bibliothek von Janus Pannonius, der 1472 auf der Flucht verstorben war, stammten wichtige griechische Handschriften, die wohl die Grundlage für die spätere Sammlung von griechischen Codices bildeten, für die die Corviniana berühmt werden sollte. Nach dem derzeitigen Stand der Forschung dürfte die königliche Bibliothek um 1471/72 an die 500 bis 600 Bände umfaßt haben.

Äußere Umstände und die Enttäuschung des Königs durch seine Humanisten wie Janus Pannonius und János Vitéz haben dazu beigetragen, daß in der Zeit zwischen dem Tode von Vitéz und der Hochzeit des Königs mit Beatrix von Aragon kein nennenswerter Zuwachs der Bibliothek zu verzeichnen ist. Vereinzelte Widmungen sind zwar bekannt; Nachrichten über den Ankauf ganzer Bibliotheken in dieser Zeitspanne sind aber irrig. Doch der Einfluß der italienischen Humanisten und die Verbindung mit Beatrix mußten von tiefergreifendem Einfluß werden. Allerdings besaß die Königin ihre eigene Bibliothek; die Ausrichtung der

Corviniana nach Florenz blieb auch in den späteren Jahren bestehen. Die Verbindung zu Florenz zeigte sich überdies in der Wirksamkeit dreier großer Humanisten. Seit Marsilio Ficino (1433–1499), der führende Kopf der Platonischen Akademie zu Florenz und Repräsentant des philosophisch-naturwissenschaftlichen Kreises um die Medici, 1477 seine Platon-Biographie an seinen Freund Francesco Bandini in Buda gesandt hatte und in dem Einleitungsbrief die Blüte humanistischer Studien in Ungarn hervorhob, behielt der Kreis um Ficino enge Beziehungen zu Buda bei. Bandini organisierte einen neuplatonischen Zirkel nach dem Vorbild der Florentiner Akademie. Der Abwehrkampf gegen die Türken knüpfte weitere Bande; man denke an die militärische Intervention von Matthias 1482 zu Otranto.

Als Bibliothekar der Corviniana erwarb sich Taddeo Ugoleto große Verdienste. Er war Tutor und Lehrer von Johannes Corvinus, besorgte Bücher in Florenz, reorganisierte die Bibliothek zu Buda und verbreitete den Ruhm der Sammlung im Ausland, zumal er in Europa Bibliotheksreisen unternehmen konnte, was sicher für die Vermehrung der königlichen Sammlung zu Buche schlagen mußte. Er dürfte seine Karriere zu Buda um 1480 begonnen haben. Schon zu Beginn der achtziger Jahre des 15. Jahrhunderts sind grundlegende Neuerungen festzustellen: die Erwerbung griechischer Handschriften, die Einfügung von Wappen in die Handschriften des Königs, das Einbinden der Codices in der typischen Art des Corvinenmeisters, die Vollendung der Einrichtung der Sammlung.

Der Zuwachs an griechischen Handschriften war nicht von Italien her zu erwarten, vielmehr von Griechenland, aus den Gebieten der türkischen Herrschaft. Während noch der Bibliothekar Galeotto wenig Griechisch verstand, setzte sich der ausgezeichnete Gräzist Ugoleto gerade auch für die griechischen Texte ein. Zwei Wappenmaler waren in dieser Zeit mit dem Einmalen der königlichen Wappen in die Handschriften beschäftigt, in einer Zeit, in welche auch die Wirksamkeit des königlichen Buchbinders der Corvinen fällt. In der Periode zwischen 1473 und 1484 dürfte die Bibliotheca Corviniana die Größenordnung von etwa tausend Bänden erreicht haben.

Der Höhepunkt des Ausbaus der königlichen Bibliothek fällt in die letzten Lebensjahre von Matthias, in die Zeitspanne zwischen 1485 und 1490. Als der König 1485 in Wien einmarschierte, hatte er bereits eine bewegte Regierung hinter sich. Doch er hatte die Verschwörungen unterdrückt, die Anarchie beseitigt, den Türken seine Macht gezeigt und seine Ansprüche in der europäischen Politik angemeldet. Sein Reich erstreckte sich über ungarische, böhmische und österreichische Länder; die Pläne für ein Großreich reiften. Diese Umstände mußten auch in den kulturellen Bestrebungen des Königs ihren Niederschlag finden. Es ist nicht zufällig, daß sich nunmehr der Ausbau der bereits berühmt gewordenen Bibliothek beschleunigte. Selbst das äußere Erscheinungsbild der Bände änderte sich nun sichtlich. An die Stelle einfacher Renaissance-Handschriften traten Prunkhandschriften, Meisterwerke der Renaissancemalerei, an deren Herstellung Künstler ersten Ranges wie Attavante degli Attavanti, Giovanni Boccardi, Gherardo und Monte di Giovanni, Francesco d'Antonio del Chierico und andere anonyme Meister beteiligt waren. Neue Embleme tauchen nunmehr im Schmuck auf, Porträts des Königs und der Königin wurden häufiger. Etwa ein Drittel der erhaltenen Corvinen stammt aus der Zeit nach 1485! Matthias strebte nicht oberflächlich nach äußerem Prunk; seine Absicht lag durchaus darin, die anspruchsvollste Bibliothek der damaligen Welt ins Leben zu rufen. Seine Absicht ist in zeitgenössischen Briefen klar bezeugt. Der Ruhm der Bibliothek sollte nicht nur im äußeren Schmuck liegen, sondern auch in der Vollständigkeit der Texte. Klassische griechische und lateinische Autoren, Kirchenväter und Scholastiker sollten die Schwerpunkte bilden; dazu trat in hohem Maße auch die zeitgenössische Literatur der Humanistenzeit. Die Humanisten erprobten ihre Kräfte im Beschaffen der Handschriften, im Abschreiben und Emendieren der Texte, in Kommentierung und Übersetzung. Nahezu die gesamte griechische Literatur wurde in dieser Epoche auch in lateinischen Übersetzungen zugänglich gemacht. Die humanistische Literatur, die aus der philologischen Arbeit hervorging, bestand daher vielfach aus Kommentaren und Übersetzungen; dazu treten Spezialmonographien, aber ebenso Panegyriken, Briefe, Pamphlete und Reden.

Die Kopierung von Handschriften für Matthias intensivierte sich in der zweiten Hälfte der 80er Jahre des 15. Jahrhunderts in Florenz, begonnen hatte sie in Wien. Aus Briefen und Listen erfahren wir von Autoren, deren Texte damals vervielfältigt und nach Buda gesandt wurden; darunter waren so wichtige Bücher wie die Tragödien des Aischylos, die Reden des Aischines, der Alexanderzug des Arrianos, der „Brutus" und philosophische Werke von Cicero, der Panegyricus des jüngeren Plinius, Gedichte von Claudianus, die Geschichte des Dio Cassius. Sogar Wiegendrucke aus Italien wurden in Buda abgeschrieben; aber auch lateinische Übertragungen griechischer Texte wurden in Buda angefertigt. Noch immer war Taddeo Ugoleto unermüdlich um die Vermehrung der Bestände bemüht, während die Verdienste Bonfinis in der Übersetzertätigkeit lagen. Kurz war auch Bartolommeo della Fonte als Bibliothekar in Buda tätig und für ansehnliche Erwerbungen noch in den letzten Monaten des Königs verantwortlich. So war zuletzt der Höhepunkt der Bestandsvermehrung in der Periode 1489/90 festzustellen, bis der Tod des Königs die Arbeiten jäh unterbrach. In der Periode zwischen 1485 und 1490 dürfte die Bibliotheca Corviniana auf 1500 bis 1600 Bände angewachsen sein; die Kopierarbeit geschah ja gleichzeitig in Florenz, Wien und Buda. Es ist daraus auch zu ersehen, daß das Abschreiben von Handschriften noch im Vordergrund stand; Drucke spielten nur eine untergeordnete Rolle, wiewohl der Buchdruck in Europa bereits seit der Mitte des 15. Jahrhunderts aufgeblüht war. Zu den Büchern, die direkt für Matthias Corvinus hergestellt wurden, kamen jedenfalls noch andere, aus verschiedenen Quellen durch Agenten angekaufte Bücher. Man wird aber nicht mehr als 300 bis 400 Drucke in der Corviniana annehmen dürfen. Eine Anzahl von Handschriften war noch in Arbeit, als der König starb. Ein Teil derselben gelangte noch in die königliche Bibliothek; man erkennt dies aus den Wappen von Wladislaw II., dem Nachfolger von König Matthias. An die 150 Handschriften wurden in Florenz vorerst zurückgehalten, da die Kosten für ihre Herstellung noch nicht bezahlt waren.

Im Jahre 1490 dürfte die Bibliotheca Corviniana eine Größenordnung von 2000 bis 2500 Büchern erreicht haben, wozu freilich auch die Bücher zu zählen sind, die noch in Arbeit waren. Mit dieser Zahl übertraf die Bibliothek des ungarischen Königs alle anderen zeitgenössischen Bibliotheken mit Ausnahme der päpstlichen Bibliothek im Vatikan. Leider ist nur mehr ein Zehntel dieser weltberühmten Sammlung erhalten und heute über zahlreiche Bibliotheken der Welt verstreut. Aber noch diese Reste künden von dem Mäzenatentum, den kulturpolitischen Ambitionen und der großen Bildung einer der bedeutendsten Fürstenpersönlichkeiten der Renaissance.

Über die Räumlichkeiten der königlichen Bibliothek sind wir noch durch Beschreibungen informiert. Im ersten Stock des königlichen Palastes schlossen sich an die Südseite der Hauskapelle ursprünglich ein, später zwei gewölbte Säle an, in die das Licht von der Donauseite her durch bunte Glasfenster einströmte. In einem der Säle wurden die lateinischen Codices verwahrt, im anderen die griechischen Handschriften. Die Bände lagen nach Sachgruppen geordnet auf Regalen, die entlang der Wände aufgestellt und mit Schnitzereien verziert und vergoldet waren. Andere Bände lagen in darunterliegenden Schränken mit verzierten Türen. Golddurchwirkte, farbige Vorhänge hatten die Aufgabe, die Bücher vor Staub zu schützen. Der König verfügte über ein Ruhebett in der Bibliothek, wo er lesen oder mit Humanisten disputieren konnte, die auf dreibeinigen Sesseln um ihn saßen. Leider sind diese Räumlichkeiten später zerstört worden; der Ruhm der Bibliothek hat aber die Jahrhunderte überdauert.

III.

SCHRIFT UND BUCHMALEREI IN DEN HANDSCHRIFTEN DER BIBLIOTHECA CORVINIANA

Die Schriftkunst in den Handschriften der Bibliotheca Corviniana bietet zum größeren Teil einen prachtvollen Querschnitt durch die Kalligraphie des humanistischen Zeitalters. Zwar fehlen nicht Beispiele anderer Schriften als der humanistischen Minuskel, sei es durch ältere Codices, die ihren Weg in die Corviniana gefunden haben, sei es, daß zeitgenössische gotische Schriften verwendet wurden. Die griechischen Handschriften wiederum bieten Beispiele byzantinischer Minuskel aus mehreren Jahrhunderten; handelt es sich doch bei den griechischen Codices meist um Erwerbungen älterer Handschriften. Da die Mehrzahl der Handschriften aber direkt für Matthias Corvinus geschrieben wurde, finden wir in den Corvinen alle charakteristischen Formen der italienischen Frührenaissanceschriften, von der Gotico-Humanistica beginnend über die reife Form der Humanistica formata oder rotunda bis hin zur Humanistica cursiva.

Die geformten gotischen Buchschriften des 14. und 15. Jahrhunderts bildeten eine regelrechte Hierarchie der Schriftformen. An erster Stelle in dieser Schriftfamilie, die sich um 1300 aus der frühgotischen Minuskel differenziert hatte, steht die Gruppe der kalligraphisch ausgeformten Buchschriften, die Littera textualis formata. Ihre beiden Ausprägungen sind die Textura, die hauptsächlich in den Ländern nördlich der Alpen gebraucht wurde, und die in den südlichen Regionen Europas geschriebene Rotunda. Diese konservativen Schriften fanden bis ans Ende des 15. Jahrhundertes eine ununterbrochene Pflege. Selbst im italienischen Bereich, noch während der Herrschaft der humanistischen Minuskel, wurde die Gotica in Bereichen der kirchlichen und juristischen Literatur weiterhin gepflegt; Form und Inhalt der Bücher gingen eine bemerkenswerte Synthese ein. In der Textura waren die allgemeinen Merkmale der gotischen Schrift, wie die Brechung der Schäfte, der Wechsel von Haar- und Schattenstrichen, die Bogenverbindung benachbarter Rundungen ins Äußerste gesteigert worden. Varianten im Duktus der an sich sehr einheitlichen Schrift sind vor allem in der Gestaltung der Abschlüsse der Schäfte zu beobachten. So gibt es eine Textura mit runden Füßchen, die der gewöhnlichen gotischen Buchschrift am nächsten kommt; höher stilisiert war eine Textura mit gebrochenen Füßchen. Eine nicht seltene Modifikation bildete die Textura mit zugeschnittenen Füßchen. Die klassische Ausprägung der Schrift ist die Quadrattextur; an Kopf und Fuß der vertikalen Schäfte erscheinen dabei auf die Spitze gestellte Quadrate angesetzt. Die feierlich wirkende Textura zog sich allmählich auf liturgische Handschriften im Folioformat zurück und lebte in Bibeln, Homiliarien, Psalterien, Lektionaren, Brevieren, Martyrologien weiter. Die Verwendung der Textura in Rechts- und Statutenbüchern war ein Ausdruck besonderer Würde; ein ähnlicher Sachverhalt gilt auch für Handschriften mit deutscher Dichtung. Unter den kleinformatigen Büchern in Textura ragen Stundenbücher, Erbauungs- und Gebetbücher, Mystikerhandschriften, aber auch Lehrbücher hervor.

Als zweite Hochform der gotischen Buchminuskel ist die südländische Rotunda anzusprechen. Der Bereich ihrer Verwendung erstreckte sich von Italien und Dalmatien über Südfrankreich bis Spanien; im Buchdruck des 15. Jahrhunderts sollte diese an sich nationale Schrift zu einer internationalen Bedeutung gelangen. In der Rotunda werden die Übertreibungen der Textura vermieden; dem italienischen Stilgefühl widersprach die Hervorhebung bestimmter Komponenten zuungunsten anderer. So ist die Rotunda durch breiten Duktus und stärker gerundete Ausführung gekennzeichnet. Die Oberlängen sind relativ niedrig, die Zeichnung der Buchstaben ist fett, die Brechung der Schäfte gemäßigt. Der Konservativismus liturgischen Gebrauches trug dazu bei, daß die Rotunda in liturgischen Handschriften noch verwendet wurde, als die Humanistica längst ihren Siegeszug angetreten hatte. Ähnlich kanonisch war die Anwendung der Rotunda in Codices des römischen und kanonischen Rechtes, zumeist in der typischen Anordnung des zweispaltigen, von Kommentar umgebenen Haupttextes.

Neben den stilisierten Hochformen der Littera textualis formata standen vom 13. bis zum 15. Jahrhundert einfache gotische Buchschriften, die unter dem Sammelbegriff der Littera textualis zusammengefaßt werden können. Für sie gelten ähnliche Merkmale wie für die kalligraphischen Hochformen, lediglich in abgeschwächter Form und mit gewissen Verschleifungen. Am unteren Ende der Schriftenhierarchie steht eine Littera textualis currens, eine fließend geschriebene Variante der Buchschrift. Durch das Schreiben ganzer Silben und Wörter in einem Zuge zeigte sich das Bestreben nach schnellerer Fertigstellung der Schrift. Durch die

Verwendung kursiver Notizenschriften im Buchwesen des ausgehenden Mittelalters kam es auch zur Ausbildung einer Buchkursive, die sogar ihrerseits wieder zu einer formalen Schrift stilisiert werden konnte. Aus Elementen der Buch- und der Kanzleischrift wurde im 14. Jahrhundert die Bastarda geschaffen, die letzte große Neuschöpfung auf dem Sektor der gotischen Kursivschriften, die sich internationale Geltung erwarb, aber auch eine reiche regionale Differenzierung erfuhr.

In der Bibliotheca Corviniana fehlt es nicht an Beispielen gotischer Schriften. Ein wunderbares Specimen einer Prachthandschrift in Textura ist etwa der Codex mit dem Ptolemaioskommentar des ʿAlī ibn Riḍwān (Wien, Österreichische Nationalbibliothek, Cod. 2271); der Codex aus dem endenden 14. Jahrhundert wurde ursprünglich für König Wenzel IV. von Böhmen in Prag geschaffen und kam später auf dem Erbweg in die Corviniana.

Aber auch unter den zeitgenössischen Handschriften aus der Epoche von Matthias fehlt es nicht an Beispielen mit gotischer Schrift. Eine der schönsten, vom Buchmaler Attavante degli Attavanti ausgestatteten Codices ist das Missale Romanum (Bruxelles, Bibliothèque Royale, Ms. 9008) aus Florenz um 1485/87; es ist in klarer Rotunda geschrieben. Königin Maria, die Witwe des in der Schlacht von Mohács umgekommenen Königs Ludwig II., hatte das Buch in die Niederlande gebracht, wo sie als Statthalterin gewirkt hatte. Eine treffliche großformatige Rotunda, die wohl in Buda selbst geschrieben ist, kennzeichnet das Graduale (Budapest, Országos Széchényi Könyvtár, Clmae 424) mit dem Buchschmuck eines in Buda tätigen Miniators mit französischer Schulung. Auch das Evangelistar der Sammlung des Earl of Leicester oder das Missale Romanum in der Biblioteca Apostolica Vaticana (Urb. lat. 110) sind vortreffliche Beispiele liturgischer Handschriften in Rotunda. Als Matthias ein Missale fratrum minorum dem Frater Thomas de Hungaria bzw. den Franziskanern zum Geschenk machte, wurde das Buch gar in einer sehr eckigen Form der Textura geschrieben (Biblioteca Apostolica Vaticana, Ross. 1164). Auch in Handschriften von Kirchenvätern konnte die Gotica noch verwendet werden; man denke etwa an den Codex des Origenes aus Florenz um 1476/90 (Modena, Biblioteca Estense, Cod. lat. 458) oder an den Cassian-Codex der Bibliothèque nationale in Paris (Ms. lat. 2129) mit relativ eckiger Buchschrift. Eine Encyclopaedia medica (Roma, Biblioteca Casanatense, Cod. lat. 459), um 1400 in der Wenzelswerkstätte in Prag angefertigt, ist gar ein Beispiel für eine einfache gotische Buchschrift. Die im 14. Jahrhundert geschaffene Seneca-Handschrift (Paris, Bibliothèque Nationale, Ms. lat. 6390) bietet sogar eine sehr zur Kursive neigende und mit Abbreviaturen versehene Gotica.

Aus der karolingischen Minuskel hatte sich in organischer Weiterentwicklung die Familie der gotischen Schriften entwickelt. Aber noch einmal sollte diese Minuskel Ausgangspunkt einer neuen Schrift werden, als in einer revolutionären Neuschöpfung Humanisten des beginnenden 15. Jahrhunderts die romanische Hochform der karolingischen Minuskel als Vorbild für die neue Humanistenschrift wählten. Bereits im 14. Jahrhundert war das Verlangen nach einer gereinigten Schrift laut geworden; Francesco Petrarca (1304–1374) hatte eine „scriptura castigata et clara" gefordert. Erste Versuche der Reinigung der Schrift von gotischen Merkmalen führten zu Mischschriften, die als Scriptura fere humanistica bezeichnet werden. Noch im 15. Jahrhundert traten in Italien Schriften auf, die sowohl Elemente der Gotica wie der bereits um sich greifenden Humanistica aufwiesen; sie können als Gotico-Humanistica qualifiziert werden.

Coluccio Salutati (1331–1406) war durch das eifrige Sammeln von Handschriften mit der Entwicklung der karolingischen Schrift des 9. bis 12. Jahrhunderts vertraut geworden. Kurz nach 1400 führte er Grapheme der Carolina experimentell ein. Sein Schüler Poggio Bracciolini (1380–1459) schrieb zwischen 1400 und 1402 die erste humanistische Handschrift nach dem Muster der karolingischen Minuskel. In einer 25jährigen Kopistentätigkeit verhalf er der neu erfundenen Schrift zum Durchbruch. Die Humanistica wurde im 15. Jahrhundert zum äußeren Ausdruck der neuen Bildung und des neuen Bildungsideales.

Die erste Stufe in der Entwicklung der humanistischen Schrift bestand in der Ausbildung der formalen Humanistenminuskel, der Humanistica formata oder rotunda. Ihr allgemeiner Aspekt spiegelt den Stand der reifen karolingischen Minuskel wider; lediglich einzelne Errungenschaften der gotischen Schriften lebten noch weiter, so der i-Punkt, das runde r neben dem geraden, das runde s neben dem geraden, eine t-Form mit dem den Querbalken durchbohrenden Schaft, die Spielform des u in spitzer Ausführung am Wortbeginn. Das a wurde meist in unzialer Form gebraucht, das d war meist aufrecht, g lang mit Bauch im Unterteil; Zierstriche setzen an vertikalen Schäften an. Als Auszeichnungsschriften traten oft antikisierende Kapitalisschriften auf.

In der zweiten Hälfte des 15. Jahrhunderts erlebte die Humanistica formata ihren Höhepunkt. Der Sammeleifer der Buchfreunde und Humanisten und die Gründung neuer Bibliotheken boten Anstoß zu einer erhöhten Buchproduktion. So wissen wir etwa, daß Vespasiano da Bisticci für Cosimo de Medici 45 Schreiber mietete, die in 22 Monaten an die 200 Bände kopierten. Auch für Matthias Corvinus mußten in Florenz, wo er einen Großteil seiner Handschriften in Auftrag gab, zahlreiche Schreiber am Werk gewesen sein.

Neben der Humanistica formata wurde auch eine kursive Spielform, die Humanistica cursiva, entwickelt. Elemente der formalen Humanistica und der italienischen gotischen Kursive flossen in ihr zusammen. Als Protagonist ist Niccolò Niccoli (ca. 1364/5–1437) zu nennen, der um 1423 eine Schreibschule in Florenz begründete. Der schräge Duktus ist ein auffallendes Merkmal; die Schäfte neigen sich nach rechts und Buchstaben eines Wortes werden in erhöhtem Maße verbunden.

Am unteren Ende der humanistischen Schriftenhierarchie stand die Humanistica currens, eine für die rasche Ausfertigung von Texten geeignete Kursive. Den Ausgangspunkt der weiteren Entwicklung der Kursive in der Renaissance bildete die Kanzleischrift der „lettera cancelleresca", die kultivierte Kanzleiform der Littera humanistica cancellaria. Kennzeichnend ist die starke Verengung des Schriftbildes, die sogar zu einer Zuspitzung an Fuß und Scheitel runder Buchstaben führte.

Entsprechend der Bedeutung der geformten humanistischen Minuskel überwiegen in der Bibliotheca Corviniana denn auch die Handschriften in dieser gefälligen Schrift. Die buchgeschichtliche Bedeutung der Humanistica zeigt sich auch darin, daß sie als Antiqua in den Buchdruck Eingang fand und von Italien aus einen Siegeszug durch Europa antrat. So spiegelt die Corviniana in ihrem Äußeren die führende Rolle der neuen revolutionären Schrift wider. Dem großen Bedarf an Handschriften entsprechend arbeiteten zahlreiche Männer als Schreiber; nicht selten bestritten arme Gelehrte und Studenten ihren Lebensunterhalt mit Bücherschreiben; auch viele Kleriker sind als Schreiber festzustellen. Neben Italienern waren es Angehörige von Nationen nördlich der Alpen, die die neue Schrift in Italien kennenlernten und verbreiteten. Aus der Menge der Schreiber ragen aber auch anerkannte und bedeutende Kalligraphen hervor. So waren etwa für den Hof der Medici Gherardo del Ciriago und Antonio Sinibaldi am Werk; in Bologna arbeiteten Pierantonio Sallando und Girolamo Pagliarolo, in Padua war Bartolommeo San Vito tätig, in Sorrent Giovanni Rinaldo Mennio.

Aus den Schreibernotizen und Schlußschriften der Handschriften für Matthias Corvinus ist uns eine große Anzahl von Schreibern namentlich bekannt geworden. Am größten ist naturgemäß die Zahl der Namen von Schreibern, die in Humanistica rotunda schrieben: Aus Florenz belegt ist Alexander Verasanus (um 1485/90), Martinus Antonius Presbyter (1489), Cantes Bonagius de Cantinis (1489), Carolus Hilarii Faterius Geminianensis (1489), Carolus Podocatharus (1451), Henricus de Brugis (1451), der berühmte Antonio Sinibaldi (80er Jahre des 15. Jahrhunderts), ferner Franciscus Collensis (der auch in Gotico-Antiqua schrieb; ca. 1485/90), der Karmeliter Jacobus Johannes Alamannus Crucennacensis (1490), der angesehene Leonardus Iob (2. Hälfte des 15. Jahrhunderts), Nicolaus Presbyter Faventinus (um 1485), Sigismundus de Sigismundes comes Palatinus Ferrariensis (1488); norditalienischer Provenzienz ist der Schreiber Antonius Thebaldeus (um 1480/90). Aus dem Neapolitaner Skriptorium stammen Handschriften in Humanistica rotunda von Angelus (1460/70?), Clemens Salernitanus (1483/84), Johannes Marcus Cynicus, Petrus de Middelburch Q. Zeelandia. Der Spanier Gundisalvus Hispanus arbeitete wohl in Buda. Der Schreiber M. L. P. von 1488 dürfte bereits eine Drucktype der römischen Erstdrucker Konrad Sweynheym und Arnold Pannartz imitiert haben.

Der bedeutendste Schreiber, aus dessen Feder Handschriften in Humanistica cursiva stammen, war der Florentiner Petrus Cenninius, der in Florenz in der zweiten Hälfte des 15. Jahrhunderts, vorab zwischen 1467 und 1470 gearbeitet hatte. Er kopierte mit seiner schönen Schrift nicht nur für König Matthias, sondern auch für andere ungarische Humanisten etliche Handschriften. Neben ihm ist als Schreiber der kursiven Humanistenschrift Bartholomaeus Fontius, ein Freund des Cenninius und Bibliothekar von König Matthias, bekannt geworden. Zu nennen sind ferner Johannes Franciscus comes Augustalis, Lucas Fabiani de Ficinis, Nicolaus Pupiensis, Sebastianus Salvinus, alle aus Florenz; in Rom schrieb Theodoricus olim Johannis Tuscanellae famulus, in Venedig Cristoforo Cortese. Daneben treten Schreibernamen für andere Schrifttypen in den Hintergrund. Als Verfertiger von Gotico-Antiqua kennen wir Baptista de civitate Narnie, einen Augustiner-Eremiten (Florenz 1422), Franciscus Collensis Presbyter (Florenz 1457), Henricus Amstelredammus alia Sença paura (Bologna 1468), Johannes Franciscus Martinus de Sancto Geminiano (Florenz, um 1460/70). In Textura schrieb in Buda um 1490 Petrus de Abbatis Burdegalensis; in Textualis formata verfaßte zu Wien 1469

Georgius Kathedralis et Institoris ein von König Matthias für Franziskaner gestiftetes Missale. Eine seltene Bastarda-Handschrift von 1444 stammt aus der Feder von Galoysius Haudry.

Nicht unerwähnt darf die Pflege der griechischen Schrift in der Bibliotheca Corviniana bleiben. Die erhaltenen Corvinen geben ein gutes Bild von der Entwicklung der mittel- und spätbyzantinischen Minuskel. Die griechische Minuskel hatte sich im 8. Jahrhundert als neue Buchschrift aus der Kursive entwickelt. Im 9. Jahrhundert war der Kanon der Minuskel voll ausgebildet. Die ausgesprochene Vierzeilenschrift besitzt viele Buchstaben mit Ober- und Unterlängen; eine Mehrzahl von Buchstaben kann flüssig in einem Zug geschrieben werden. Viele Stile kennzeichnen die frühe Epoche der Minuskel, so etwa der Eckige Hakenstil, der Keulenstil, der Kirchenlehrerstil, die Perlschrift. Im 11. Jahrhundert begann der reine Minuskelkanon wieder zu verfallen, Majuskelelemente drangen wieder ein. Im 13. Jahrhundert trat der stärkste Wandel im Erscheinungsbild der Minuskel ein; aus der gefälligen Schrift entwickelte sich eine sehr zuchtlose Gebrauchsschrift mit vielen Ligaturen, Schnörkeln, Abkürzungen und Unregelmäßigkeiten. Aber schon im 13. Jahrhundert und noch verstärkt im 14. Jahrhundert suchten viele Schreiber ältere Vorbilder zu kopieren, was die Entwicklung archaisierender Schriften zur Folge hatte. Man denke an derart schöne Alphabete wie den Metochitesstil oder den Hodegonstil. Die Emigrationswelle aus dem von den Türken bedrohten Byzanz brachte die Kenntnis der griechischen Sprache und Schrift nach dem Westen. Die Wiederbelebung älterer Formen stand vielfach neben dem Bestreben nach Klarheit und Übersichtlichkeit des Schriftbildes. So sind denn auch aus dem 15. Jahrhundert zahlreiche Codices erhalten, die in einer gereinigten Minuskel verfaßt worden waren. Aber immer wieder behauptete sich daneben eine Gebrauchsschrift, selbst in literarischen Handschriften; sie sollte zuletzt auch im Buchdruck Eingang finden. Zeitgenössische Schreiber griechischer Handschriften aus der Bibliotheca Corviniana sind nur wenige bekannt. Vielleicht hat Angelos Konstantinos aus Sternatia in Unteritalien im ausgehenden 15. Jahrhundert Handschriften geschrieben, die später zu Corvinen wurden. Ein gewisser Franciscus schrieb eine Hesiod-Handschrift. Im Jahre 1465 kopierte in Gortyn in Kreta Demetrios Triboles aus Sparta eine Handschrift der Enneaden des Neuplatonikers Plotinos. Im 15. Jahrhundert trat auch Johannes Skutariotes aus Thessalien als Schreiber hervor; am berühmtesten ist seine Handschrift der Geographie des

Ptolemaios (Wien, Österreichische Nationalbibliothek, Cod. hist. gr. 1), die er 1454 in Florenz verfertigte. Ebenfalls aus dem 15. Jahrhundert stammt ein von einem Kretikos geschriebener Codex der Lehrgedichte des Oppianos (Wien, Österreichische Nationalbibliothek, Cod. phil. gr. 135). Der ungarische Humanist Janus Pannonius war der Schreiber eines griechisch-lateinischen Wörterbuches in Ferrara um 1450 (Wien, Österreichische Nationalbibliothek, Suppl. gr. 45).

Neben ihrer Bedeutung als Denkmäler der Schrift, vor allem der Schriften der Renaissance, sind die Codices der Bibliotheca Corviniana auch Zeugen der Buchmalerei der Renaissance. Breit ist hier die Palette der Möglichkeiten. Neben relativ schmucklosen oder mit einfachen Initialen und Bordüren verzierten Handschriften stehen reich illuminierte Codices, zu deren Künstlern oft Persönlichkeiten mit klangvollen Namen zählten. Vor allem in der Gestaltung von Zierseiten, Titeln und Anfangsseiten entfaltete sich eine reiche Phantasie. Entsprechend der großen Anzahl der in Florenz hergestellten Handschriften dominiert Florentiner Ornamentik und Miniaturtechnik; aber auch süditalienische, norditalienische, französische, niederländische, ungarische, böhmische und süddeutsch-österreichische Stilkomponenten lassen sich im Schmuck der Corvinen feststellen.

Wo ältere Handschriften ihren Weg in die Bibliotheca Corviniana gefunden hatten, konnten Denkmäler der Buchmalerei früherer Epochen zu Zimelien der königlichen Bibliothek werden. Ein schönes Beispiel hierfür ist etwa der Ptolemaios-Kommentar des ʿAlī ibn Riḍwān (Wien, Österreichische Nationalbibliothek, Cod. 2271), ein Prachtwerk aus der Wenzelswerkstätte zu Prag, die für den bibliophilen König Wenzel IV. von Böhmen zu Ende des 14. Jahrhunderts Meisterwerke europäischer Illuminationskunst geschaffen hatte; reicher Schmuck aus farbigen Akanthusranken, durchsetzt mit Emblemen und Symbolen wie Wilden Männern, Bademädchen, dem König im Block, Drachen und Wappen sowie eine Hierarchie prachtvoller Initialen machen die astronomische Handschrift zu einem Erlebnis sinnenhafter Farbigkeit. Ein anderer prachtvoller Codex aus der Werkstatt Wenzels IV. liegt in einer medizinischen Enzyklopädie vor, die in der Biblioteca Casanatense zu Rom (als Cod. lat. 459) verwahrt wird. Der Miniaturenschmuck zeigt französischen Einfluß; herausragend unter den zwanzig Miniaturen und zahllosen Textillustrationen ist das Titelbild mit dem inmitten seines Hofstaates thronenden Königs. Selbstredend gibt es auch einfache ältere Handschriften, wie etwa den Seneca-Codex der Bibliothèque nationale zu Paris (Ms. lat. 6390) mit Initialschmuck eines norditalienischen Meisters des 14. Jahrhunderts. Den eigentlichen Schwerpunkt bilden aber die in der Zeit von Matthias selbst angefertigten Handschriften, die ein breites Panorama der Renaissance-Buchkunst darbieten und von einer ungeheuren Phantasie künden, da trotz gemeinsamer Stilmerkmale keine zwei gleich verzierten Codices in der Bibliothek aufscheinen. Die Tatsache, daß ein großer Teil der Handschriften in Florenz hergestellt wurde, bedingte, daß Florentiner Stiltendenzen und Florentiner Ateliers eine große Rolle spielen mußten. Florenz stellte seit der zweiten Hälfte des 15. Jahrhunderts ein bedeutendes Zentrum der Buchkunst dar; das Mäzenatentum der Medici wirkte sich dabei fördernd aus. Eine für Florenz typische Ornamentik entfaltete sich im Rankenwerk der Initialen und Bordüren. Aus dem Rankenmotiv wurden die „bianchi girari" entwickelt, weiße ausgesparte Ranken über farbigen Gründen, die bald die ganze Seite umspielten, aber noch gotisches Erbe bewahrten. Goldleisten konnten dabei die Bordüren durchziehen; die weißen Ranken legten sich in enger Verschlingung über grüne, rote und blaue Farbflecken und umwucherten auch die Initialen. Die prachtvollen Bordüren in diesem Stil konnten allmählich verfeinert werden, wenn Medaillons mit Bildnissen und Szenen, Putti, Tiere und antikisierende Motive eingesetzt wurden. Bald entwickelte man jedoch eine harmonische Verbindung von Blattwerk und Blumen, die in betonter Farbigkeit vom Pergament abstachen und in ausgewogener Balance die Seiten umgaben; Putti, Perlen, Medaillons, Vögel, Trophäen, Säulen, Lorbeerkränze, Edelsteine, Kandelaber, Grotesken und andere Zierelemente der antiken Ikonographie wurden in die Bordüren eingesetzt.

Die Vielfalt der Durchformung der Zierleisten kennzeichnet alle Stilphasen. Schon die „bianchi girari" in all ihrem Formenreichtum konnten weiterentwickelt werden. Der Valturius-Codex der Biblioteca Estense in Modena (Cod. lat. 447) baut etwa weiße Glockenblumen in das Rankenwerk ein. In späteren Bordüren treten schwere Farbgründe auf, über die sich goldene und bunte Pflanzen, Ranken und Blätter legen. Sogar niederländischer Einfluß – erkennbar durch naturalistische Streublumen auf Goldgrund – kommt vor. Die reichen Rahmen konnten später in Abteilungen unterteilt werden, die durch verschiedene Farbigkeit und Ornamentik sich voneinander abheben und oft von schwerem Prunk künden. Immer wieder wurden fleurale Motive mit Medaillons, Szenen

Abb. 9. *Johannes Chrysostomos, Dialogus S. Johannis Chrysostomi et Basilii, qui intitulatur De dignitate sacerdotali, in lateinischer Übersetzung.*
Geschrieben im Jahre 1465 in Humanistica formata in Florenz und ebenda mit Buchschmuck versehen.
Titelseite mit goldener Initiale M über weißem Rankenwerk und einfacher Rahmenleiste; Wappen vom ersten Wappenmaler des Königs später hinzugefügt.
Wien, Österreichische Nationalbibliothek, Cod. 977, Bl. 1r.
Keine andere Schrift des Kirchenvaters und Patriarchen von Konstantinopel, Johannes Chrysostomos, ist so oft übersetzt und gedruckt worden wie sein Werk über die Würde des Priestertums, das eine Verteidigung des Autors enthält, ein angebotenes Bischofsamt nicht angenommen zu haben, und vor diesem Hintergrund in begeisterten Worten die Hoheit des Priester- und Bischofsamtes schildert. Johannes Chrysostomos war auch einer der größten Prediger der östlichen Kirche, ebenso ein hervorragender Exeget, sodaß die Zahl der Handschriften seiner Werke noch heute unübersehbar ist. Die vorliegende authentische Corvine, die auch noch den originalen Einband des Corvinenmeisters erhalten hat, ist eine einfache florentinische Humanistenkopie mit dem typischen Buchschmuck im Florentiner Stil um 1450/70. König Matthias hatte mehrere griechische und lateinische Werke des Chrysostomos, des „Goldmundes", besessen. Der Codex 977 gelangte später in die Sammlung der Tiroler Habsburger auf Schloß Ambras bei Innsbruck, von wo er 1665 nach Wien verbracht wurde.
(93% d. Originalgröße) ➤

Incipit liber,, dialogi sancti Johis crisostomi con- ,, primus
stantinopolitani episcopi & sancti basilii cesarien-
sis epi college beati gregorii nazanzeni. qui in-
titulatur de dignitate sacerdotali:

MICHI quidem multi fuerunt ami-
ci: & amicitie iura scientes soliteq; certi
seruantes. Vnus autem ex his pluri-
mis, amore quem in nos habebat,
illis omnibus antecellens: tanto eos
spatio contendit post tergum relin-
quere: quanto illi ceteros, qui nobis leui notitia iun-
gebantur. hic ergo omne tempus adherebat. Nam
& studia ipa contigimus, & iisdem preceptoribus usi
sumus. Sed & sedulitas & studium in eadem litterarum
opera congruebant: cupiditasq; similis de iisdem ne-
gotiis paruebatur. Nec tunc solum cum adhuc freque-
tabamus magistros: uerum & quando ab his recedentes
oportebat eligere quod iter uite nobis ingredi comen-
darent, concordantes in his etiam uidebamur. Erant
quoq; & alia plurima qbus custodiebatur solida. &
rumpi nesciens nostra consensio. Neq; enim aut in
splendore patrie erat: q, diuersum uelle posset alter
aut michi opulentia suppetente, ille uitam ducebat
in extrema paupie, sed & substantie nre equatio, ppo- num iatis,
siti nostri equalem statum uidebatur imitatā. Gen᷒ imitatā
quoq; nobis similiter honoratum: ita ut omnia dili-
gentium sententia conuenirent. Verū qa oportebat
beatā uitam monachorum sequi phiam q; uerā: in hoc
nobis trutina uolūtatum apparebat inequat᷒. Quia illi᷒

Catullis ueronensis poete illustris ad cornelium
liber incipit

Vi dono lepidum meum aru libellum · nouum
Arido modo pumice expolitum
Corneli: Tibi nanque tu solebas
Meas esse aliquid putare nugas.
Iam tamen cum ausus est unus italorum · tum
Omne euum tribus explicare chartis
Doctis iupiter & laboriosis.
Quare tibi habe quicquid hoc libelli
Qualecunque. quod patrona uirgo
Plus uno maneat perenne seclo

Fletus passeris Lesbie

Passer delitie mee puelle
Qui cum ludere: quem in sinu tenere
Qui primum digitum dare at petenti
Et acris solet incitare morsus:
Cum desiderio meo nitenti
Carum nescio quid libet iocari.
Et solatiolum sui doloris:
Credo ut cum grauis acquiescet ardor
Tecum ludere sicut ipsa possem.
Et tristis animi leuare curas:
Tam gratum est mihi: quam ferunt puelle

◄ ***Abb. 10.*** *Valerius Catullus, Carmina; daran: Albius Tibullus, Carminum libri IV; Sextus Aurelius Propertius, Carminum libri IV.*
Geschrieben und illuminiert in Florenz um 1470/75.
Zierseite zu den Gedichten des Catull; Bildinitiale mit Autorenbild Catulls, Bordüre aus weißem Rankenwerk über Goldleisten und Farbgründen, mit Vögeln, Putti, Hasen und Wappen.
Wien, Österreichische Nationalbibliothek, Cod. 224, Bl. 1r.
Der Codex 224 überliefert die Gedichte dreier großer römischer Lyriker aus augusteischer Zeit. Valerius Catullus war Mitglied der Schule der Neoteriker und ist durch seine unmittelbare und persönliche Lyrik bekannt. Tibull und Properz waren durch ihre Elegien berühmt geworden. Alle drei Dichter wurden im Mittelalter so gut wie nicht gelesen; die Überlieferung in der Renaissance war wahrhaft ein neuer Beginn der Tradierung. Der Codex 224 der Österreichischen Nationalbibliothek reiht sich in die große Schar der Humanistenkopien ein; er ist im Florentiner Stil um 1450/70 geschmückt, wobei die Bildinitiale mit dem Idealporträt von Catull eine antike Sitte aufgreift. Der Codex selbst kam nach Aufenthalten in Siebenbürgen durch Michael II. Apafi († 1713) nach Wien und dortselbst in den Besitz von Prinz Eugen von Savoyen († 1736). Nach dieser Handschrift wurde 1727 sogar eine Tibull-Ausgabe veranstaltet.
(Originalgröße)

Abb. 11. *Publius Vergilius Maro: Opera (Bucolica, Georgica, Aeneis) (lateinisch).*
Geschrieben von Leonardus Iob in Florenz für Matthias Corvinus, illuminiert in der zweiten Hälfte des 15. Jh.
Textbeginn der „Aeneis" mit goldener Initiale A über Rankenwerk und Putti, Rahmen aus weißem Rankenwerk und Goldleisten über Farbgründen, mit Vögeln, Putti, Wappen, Blumenmotiven und Tieren.
Wien, Österreichische Nationalbibliothek, Cod. 92, Bl. 60r.
Die reifen Werke des römischen Epikers Vergil († 19 v. Chr.) – die Sammlung der Hirtengedichte, das Werk über den Landbau und das Heldenepos über Aeneas aus Troja, den legendären Stammvater der Römer – sind in Cod. 92 in einer authentischen Corvine überliefert. Die Dichtungen Vergils zählen zu den meistgelesenen Werken der Weltliteratur; die Zahl der Handschriften muß Legion gewesen sein. Die Corvine des Cod. 92 zeigt im Buchschmuck die letzte Steigerung des Stils des weißen Rankenwerkes in seiner Anreicherung durch andere zoomorphe und anthropomorphe Schmuckelemente. Auch der originale Einband des Corvinenmeisters ist noch erhalten. Der Humanist Johannes Alexander Brassicanus erwarb die Handschrift in Buda im Jahre 1525; sie gelangte über die Sammlungen von Bischof Johannes Fabri von Wien, des Collegium ad S. Nicolaum zu Wien und die alte Wiener Universitätsbibliothek 1756 in die Hofbibliothek. (83% d. Originalgröße) ➤

Arma uirumq· cano
troye q primus ab oris:
Italiam fato profu-
gus lauinaq· uenit
Littora: multū ille
et terris iactatus et alto:
Vi superum seue me-
morem iunonis ob irā.
Multa quoq· et bello passus: dum conderet urbem.
Inferretq· deos latio: genus unde latinū:
Albaniq· patres: atq· alte menia rome.
Musa mihi causas memora: quo numine leso
Quidue dolens regina deum: tot uoluere casus
Insignem pietate uirū: tot adire labores
Impulerit: tantene animis celestibus ire?
Vrbs antiqua fuit: tyrii tenuere coloni:
Carthago: italiam contra: tyberinaq· longe
hostia: diues opum: studiisq· asperrima belli.
Quam iuno fertur terris magis omnibus unam
Posthabita coluisse samo: hic illius arma
Hic currus fuit: hoc regnum dea gentibus esse
Si qua fata sinant: iam tum tenditq· fouetq·.
Progeniem sed enim troiano a sanguine duci
Audierat: tyrias olim que uerteret arces.

INCIPIT PRA
EFATIO SAC
TI HIERONY
MI PBRI IN EXPO
SITOE M EVAGE
LIIS SCDVM MATTHEV

PLVRES
FVISSE
QVI EV
GELIA
SCRIP
SERINT

et Lucas Euangelista testatur dicens q̄m quidem multi
conati sunt ordinare narrationem rerum que in nobis
complete sunt sicut tradiderunt nobis. qui ab initio ip̄i
uiderunt sermonem. et ministrauerunt ei. et perseue
rantia usq; in presens tempus monumenta declarant. q̄
aduersis auctoribus edita. diuersarum heresum fuere
principia. Vt est illud iuxta ægiptios & Thomam et
Mathiam et Bartholomeum. duodecim quoq; aplor
et basilidis atq; appelles. ac reliquor quos enumerare

◄ ***Abb. 12.*** *Hieronymus, Bibelkommentare und andere Schriften (lateinisch).*
Geschrieben von Sigismundus de Sigismundis comes Palatinus Ferrariensis im Jahre 1488 in Florenz; ebendort 1488 von den Brüdern Gherardo und Monte di Giovanni prachtvoll illuminiert.
Zierseite: Ziertitel und Textbeginn in goldener Capitalis auf violettem und grünem Grund; Titelminiatur mit der Darstellung des hl. Hieronymus in der Studierstube. Reicher Zierrahmen, aufgebaut aus Kandelabern und stilisierten Pflanzen, Kameen und Füllhörnern, mit Medaillons (Evangelisten, Jesus, Matthias Corvinus), Putten, Sphinx, Fabeltieren und Wappen.
Wien, Österreichische Nationalbibliothek, Cod. 930, Bl. 1r.
Durch die Übersetzung der Bibel ins Lateinische, die als „Vulgata" kanonisches Ansehen erlangte, durch philologische Studien zum Bibeltext, durch die Abfassung der ersten christlichen Literaturgeschichte, durch die Übersetzung und Fortsetzung der Chronik des Eusebios von Kaisareia und durch ein umfassendes exegetisches, biographisches, polemisches und homiletisches Wirken wurde Hieronymus zu einer der größten Autoritäten der westlichen Kirche; seine Verbindung zum östlichen Mönchtum wurde auch für die Geschichte des westlichen Mönchtums fruchtbar. König Matthias besaß denn auch zahlreiche Handschriften mit Werken des Hieronymus. Der heutige Codex 930 der österreichischen Nationalbibliothek überliefert die Kommentare zu Matthaeus, Markus und zum Buch Ecclesiastes sowie einige kleinere Traktate. Die Handschrift ist zugleich eines der Hauptwerke der florentinischen Buchmalerei; das Atelier der Brüder Gherardo und Monte di Giovanni hatte kühne Neuerungen im figuralen und ornamentalen Schmuck vorgenommen. Das Bild des Hieronymus in der Studierstube weist Ähnlichkeiten zum Fresko des Ghirlandajo in der Ognisanti-Kirche in Florenz auf; flämische Vorbilder dürften hinter beiden Bildern stehen. (73% d. Originalgröße)

Abb. 13. *Aurelius Augustinus, Epistolae, et epistolae aliorum ad Augustinum CXCIII (lateinisch).*
Prachthandschrift aus Florenz, illuminiert um 1485/90 von Attavante degli Attavanti.
Ziertitel in goldener Capitalis auf blauem Grund in orangefarbenem Kreis, darüber Ornament aus Halbkreisbogen, Blumen, Blättern und Goldpunkten.
Wien, Österreichische Nationalbibliothek, Cod. 653, Bl. Iv.
Die Sitte von reich ausgeschmückten Ziertiteln reicht bereits in die Antike zurück. So enthält etwa der „Wiener Dioskurides" aus dem Jahre 512 einen Ziertitel zum Herbarium in einem Lorbeerkranz; der „Codex Rossanensis" aus dem 6. Jahrhundert zeigt einen Ziertitel zu den Evangelien in einem Kreis mit vier Evangelistenbildern und farbigem Ornament. Die Buchmalerei der Renaissance griff damit eine alte Tradition erneut auf. (60% d. Originalgröße) ➤

IN HOC
VOLVMINE CŌ
TINENTVR EPIS
TOLE SĀCTI AVGVS
TINI DOCTORIS
ERVDITISSIMI

INCIPIT LIBER EPISTOLARVM AVRELII AVGV
STINI EPISCOPI HIPONENSIS DOCTORIS
EXIMII EPISTOLA PRIMA AD
VOLVSIANVM

[D]E SALVTE TVA QVAM
& in hoc seculo & in christo esse cupio
sancte matris tue uotis sum fortasse &
ipse non impar. Vnde meritis tuis red
dens salutationis obsequium: hortor ut
ualeo: ut litterarum uere certeque sacta
rum te curam non pigeat impendere.
Sincera enim & solida res est: nec fu
catis eloquiis ambit ad animum: nec
ullo lingue tectorio inane aliquid ac
pendulum crepitat. Multum mouet
non uerborum: sed rerum auidum
& multum terret facturus securum. Precipue apostolorum linguas exortor
ut legas. Ex hiis enim ad cognoscendos prophetas excitaberis quorum testi
moniis utuntur apostoli. Si quid autem uel cum legis uel cum cogitas tibi ori
tur questionis in quo dissoluendo uidear necessarius scribe ut rescribam.
Magis enim hoc forte adiuuante domino potero quam presens talia loqui tecum:
non solum propter occupationes uarias & meas & tuas. Quoniam non eum michi
uacat occurrit ut & tibi uacet. Verum etiam propter eorum irruentem
presentiam, qui plerumque non sunt apti tali negocio magisque lingue certam
inibus quam scientie luminibus delectantur. Quod autem scriptum habetur semper
uacat ad legendum cum uacat legenti: nec onerosum fit presens: quod cum
uoles sumitur: cum uoles ponitur.

Domino uere sancto ac merito uenerabili patri Augustino episcopo Volusianus

[P]Etis me uir probitatis iustitieque documentum: ut aliqua ex
ambiguis lectionis parte discenda percunter. Amplector gratiam
muneris imperati, neque libenter in disciplinas tuas offero uete
ris sententie auctoritatem secutus: que nullam ad perdiscen
dum habundare credit etatem. Neque immerito sapiens pru
dentie studia nullis terminis: neque fine conclusit: quando primordiis suis

◄ ***Abb. 14.*** *Aurelius Augustinus, Epistolae, et epistolae aliorum ad Augustinum CXCIII (lateinisch).*

Prachthandschrift aus Florenz, illuminiert von Attavante degli Attavanti um 1485/90.

Zierseite mit Textbeginn; üppiger Rahmen aus stilisierten fleuralen Motiven aufgebaut, besetzt mit Perlen, Juwelen, Putti, Emblemen und Medaillonbildern. Blaue Initiale D mit Autorenbild (Augustinus) in Studierstube, goldene Initiale P über farbigen Gründen.

Wien, Österreichische Nationalbibliothek, Cod. 653, Bl. 1r.

Von den zahlreichen Werken eines der größten lateinischen Kirchenväter, von Aurelius Augustinus († 430), besaß die Bibliothek des Königs Matthias viele wichtige Texte. Der Codex 653 der Österreichischen Nationalbibliothek, der ein Briefcorpus des Bischofs enthält, ist zugleich eine Prachthandschrift aus dem Atelier eines der größten Buchmaler in Florenz, Attavante degli Attavanti. Schon das prächtige Titelblatt zeigt alle für Attavante charakteristischen Schmuckformen, unter denen klassische fleurale Motive, Perlen, Edelsteine, Putti, Embleme und Medaillons dominieren. In dieser Epoche war der ältere Florentiner Stil des weißen Rankenwerkes endgültig durch eine überquellende Fülle klassizistischer Motive abgelöst worden. Der vorliegende Codex trägt einen unter König Wladislaw II. hergestellten Einband. (64% d. Originalgröße)

Abb. 15. *Hieronymus, Interpretatio Ezechielis prophetae (lateinisch).*
Prachthandschrift aus Florenz, illuminiert im Atelier des Attavante degli Attavanti zwischen 1485 und 1490.
Zierseite mit Textbeginn, Rahmen mit Figurenmedaillons von Aposteln und Propheten, Blattranken, Wappen, Putti, Schmuckstücken und Impresen; Initiale F mit Halbbild des Hieronymus als Kardinal.
Wien, Österreichische Nationalbibliothek, Cod. 654, Bl. 1r.
Die Handschrift, die den Ezechielkommentar des Hieronymus enthält, wurde in Florenz in italienischer Humanistenminuskel von Nicolaus Presbyter Faventinus im Auftrag von König Matthias geschrieben und von Attavante illuminiert, der sein Werk auch selbst signiert hat. Den Text begleiten 276 kleine Initialen, an den Buchanfängen finden sich große Initialen mit Bildern; ein Ziertitel leitet das Werk ein. Die Zierseite zeigt die Spätphase des Stiles des Buchkünstlers Attavante, die u. a. durch die Unterteilung des Rahmens in verschiedenfarbige Felder gekennzeichnet ist. Der Einband des Codex stammt bereits aus der Zeit von König Wladislaw II. König Ludwig II. hatte die Handschrift dem Stift Melk geschenkt, von wo sie in den Besitz von Kaiser Maximilian II. gelangte. (60% d. Originalgröße) ➤

INCIPIT PROLOGVS SANCTI HIERONYMI
I EZECHIELEM PROPHETAM AD EVSTOCHIV

F INITIS IN HESAIA
DECEM ET OCTO
explanationum uoluminibus
ad ezechielem . qd tibi & sce
memorie matri tue Paule . O
uirgo xpi eustochium . sepe po
licitus sum transire cupiebam
& extremam ut dicitur ma
num operiim ponere prophali
Et ecce mihi subito mors pam
machii atq; marcelle romane
o urbis obsidio . multorumq; fratrum & soror dormitio i
nunciata est. Atq; ita consternatus obstupui . ut nihil ali
ud diebus ac noctibus nisi de salute omnium cogitarem
M eq; in captiuitatem sanctorum putarem esse captiuum : n
possem prius ora reserare : nisi aliquid certius discerem.
D um inter spem & desperationem solicitus pendeo . aliorūq;
malis me crucio . Postq uero clarissimum terrarum omnium
lumen extinctum est . immo romani imperii truncatum
caput . et ut uerius dicam in una urbe totus orbis interiit:
O bmutui & humiliatus sum . et silui a bonis . & dolor o
meus renouatus est . Concaluit intra me Cor meum &
in meditatione mea exarsit ignis . Nec putaui illam sen
tentiam negligendam . musica in luctu importuna narra
tio . Verum quia & tu indesinenter hoc flagitas . & ma
gno uulneri cicatrix paulatim obducitur . scorpiosq; iter
enceladum & porphyrium trina chrie humo premitur .
et hydra multorum capitum contra nos aliquando sibila
re cessauit . Datumq; tempus quo non hereticorum respō
dere insidiis . sed scripturarum expositioni incumbere
debeamus . Aggrediar Ezechiel propham cuius difficul
tatem hebreorum probat traditio . Nam nisi quis apud

SANCTI ATHANASII IN PRIMAM EPISTOLAM SANCTI PAVLI AD ROMANOS PROLOGVS INCIPIT

Acrarum litterarum frequentior lectio
ad sui cognitionem homines ducit. inquit
enim ueridicus ille. querite et inuenietis. i
pulsate & aperietur uobis. Quocirca tunc
harum epistolarum misteria pernoscemus
cum eas diligentius lectitarimus. Atque
Paulus eo plurimum uniuersos doctrine
excellentia superauit. quo maiorem pre
ceteris laborem insumpsit. habundeque
spiritus sancti gratiam assecutus. quod sa
ne non solum ex eius epistolis uerum et a
postolorum ex actis cognosci potest. Mercurij namque apud gentiles ob ipsius
prestantiam eloquentie sortitus est nomen. Prima itaque epistolarum ad ro
manos habetur. nec tamen idcirco quod prior conscripta sit. siquidem hanc ad
corinthios due. et ad thesalonicenses una iam antecesserint. quibus hiero
solimam facit de transmissis ad uictum necessarijs mentionem. et alia pre
terea ad galatas. Hanc itaque ad romanos epistolam. eo priorem locum ob
tinuisse putandum est: quia istiusmodi ordo in sacris litteris nequaquam ne
cessitate ulla exigitur. nam et duodeni prophete et si non hisdem tempo
ribus extitere quin longo potius interuallo distarunt: sic tamen sunt in
sacris codicibus positi perinde se inuicem sint subsecuti. Scribit autem ad
romanos apostolus euangelij misterio fungens. tamquam ad orbis terrarum
principes. qui enim caput uiuerit. et reliquis membris afferat utilitatem
necesse est.

Aulus: Nec moyses ipse nec eius posteri plerique neque hi qui euan
gelium conscripserunt. eorum nomen litterarum primordijs
adiecere. hic uero uir perbeatus. eius epistolis suum nomen p
ponit. quippe qui ad eos litteras daret qui longe abessent. cum
prophete illi ad presentes scriberent. quod tamen haudquaquam agit cum
ad hebreos litteras scribit. ne illi cum se infensum haberent. quia et pre
putium tolleret. et legem uideretur ut inanem contemnere initio statim
nomine eius perlecto et scripta simul respuerent. Queret aliquis. cur ex

◄ ***Abb. 16.*** *Theophylaktos von Achrida, Pauluskommentar, lateinisch von Christophorus Persona.*
Prachthandschrift aus Florenz, illuminiert von Attavante degli Attavanti zwischen 1488 und 1490.
Zierseite mit Rahmen mit Halbfiguren, Akanthusranken, Impresen, Wappen, Putti, Kentauren und Frauengestalten; Initiale S mit Autorenbild.
Wien, Österreichische Nationalbibliothek, Cod. 656, Bl. 1r.
Erzbischof Theophylaktos von Ochrid (Achrida) in Bulgarien (1090–1108) hatte in exegetischen Werken das Alte und Neue Testament kommentiert; der vorliegende Codex überliefert seinen Kommentar zu den Paulusbriefen, eine durchaus selbständige wissenschaftliche Arbeit. Der Text ist im Codex fälschlicherweise dem Athanasius von Alexandrien zugeschrieben. Christophorus Persona († 1486), Prior zu Santa Balbina in Rom, hatte sich einer großangelegten Übersetzertätigkeit befleißigt, die vor allem christliche und byzantinische Autoren betraf. Der Codex 656 ist mit großer Prachtentfaltung im Atelier des Buchkünstlers Attavante ausgeschmückt worden; der Einband stammt noch vom Corvinenmeister. Über den Markgrafen Johann VI. von Bergen-op-Zoom († 1532), den Bischof Johann Fabri von Wien († 1541) und die alte Wiener Universitätsbibliothek gelangte die Handschrift 1756 in die kaiserliche Hofbibliothek. (70% d. Originalgröße)

und figuralen Motiven verknüpft. Sogar an augentäuschendem „Trompe d'oeil" fehlt es nicht, wenn etwa scheinbar an den Rändern sich kräuselnde Pergamentblätter auf einer Unterlage aufgeklebt erscheinen. Schwere Architekturmotive wurden in einigen Ateliers zu beliebten Elementen.

Die besten Florentiner Meister haben auch für Matthias Corvinus gearbeitet. Boccardino il Vecchio dürfte an der unvollendeten Ambrosius-Handschrift in Florenz (Biblioteca Laurenziana, Plut. 14, Cod. 22) oder am Philostrat-Codex in Budapest (Országos Széchényi Könyvtár, Clmae 417) beteiligt gewesen sein. Francesco d'Antonio del Chierico verfügte bereits über alle Errungenschaften der Frührenaissance in der Darstellung der Architektur und Landschaft, von Körper und Faltenwürfen. Schon bei ihm wurden in den Randdekorationen die weißen Rankenbänder von reichem Blattwerk, Blumen und Fruchtgirlanden abgelöst. Seine Nachfolger entfalteten ein regelrechtes Virtuosentum. Besonders die Brüder Gherardo und Monte di Giovanni del Fora und Attavante degli Attavanti sind die Hauptträger dieser Bewegung; ihre spielerische Beherrschung aller Schwierigkeiten, ihr Protzen in Details, ihre Gewandtheit in der Komposition, ihre kostbare Ornamentik kamen dem Repräsentationsbedürfnis prachtliebender Bibliophiler entgegen. Zu Werken Attavantes und seiner Schule, die oft schon äußerlich an den fein gezeichneten, maßvollen klassischen Pflanzenformen der Rahmen und den zahlreichen eingeflochtenen figuralen Darstellungen kenntlich sind, zählen etwa Prachtcodices von Werken des Ambrosius (Modena, Biblioteca Estense, Cod. lat. 439; um 1485/90), des Ammianus Marcellinus (Modena, Biblioteca Estense, Cod. lat. 485; 1488), des Appianos (Florenz, Biblioteca Mediceo-Laurenziana, Plut. 68, Cod. 19; 1490), der Briefe des Augustinus (Wien, Österreichische Nationalbibliothek, Cod. 653; ca. 1485/90), theologischer Werke des Augustinus (Stuttgart, Württembergische Landesbibliothek, Cod. theol. et phil. fol. 152; ca. 1485/90, Modena, Biblioteca Estense, Cod. lat. 436; ca. 1485/90), des Juvenalkommentars von Domitius Calderinus (Florenz, Biblioteca Mediceo-Laurenziana, Acquisti e doni 233; ca. 1485/90), der Homilien des Johannes Chrysostomus (Budapest, Országos Széchényi Könyvtár, Clmae 346; ca. 1485/90), eines Codex mit Schriften von Anselm von Canterbury (Budapest, Országos Széchényi Könyvtár, Clmae 345; ca. 1485/90), Schriften des Marsilio Ficino (Florenz, Biblioteca Mediceo-Laurenziana, Plut. 73, Cod. 39, 1488) und des Bartholomaeus Fontius (Wolfenbüttel, Herzog August-Bibliothek, 43. Aug. 2°, ca. 1488) oder Georgius Merula (Modena, Biblioteca

Estense, Cod. lat. 441, ca. 1486/90), von Gregor I. (Modena, Biblioteca Estense, Cod. lat. 448; ca. 1485/90), von Hieronymus (Paris, Bibliothèque nationale, Ms. lat. 16.839; 1488), von Martianus Capella (Venedig, Biblioteca Marciana, Ms. 4054; ca. 1485/90), von Ptolemaios (Paris, Bibliothèque nationale, Ms. lat. 8834), um nur einige wichtige Beispiele zu nennen. Am schönsten sind wohl das Brüsseler Missale und das Vatikanische Brevier.

Die Brüder Gherardo und Monte di Giovanni del Fora zeichneten sich durch großzügige Komposition, sichere Zeichnung und strahlende Farben aus. Ihre Miniaturen in der Florentiner Bibel (Biblioteca Mediceo-Laurenziana, Plut. 15, Cod. 15–17) dürften überhaupt zu den Meisterwerken der Illuminationskunst des 15. Jahrhunderts zählen. Der Codex des Didymus Alexandrinus (New York, Pierpont Morgan Library, Morgan Ms. 496, von 1488) oder die Handschrift des Paulinenkommentars des Hieronymus (Budapest, Országos Széchényi Könyvtár, Clmae 347) stehen den Miniaturen der Florentiner Bibel nicht nach. Meisterwerke der Kleinkunst sind in vielen dieser Handschriften die Bildinitialen, die historisierten Initialen. Die Tradition der Bildinitialen reicht bereits in die merowingische und karolingische Epoche zurück; allein in der Renaissance erlebte sie eine letzte, absolute Blüte. Ein beliebtes Motiv ist die Darstellung der Autoren der Texte, oft als Halbfiguren, oft in ganzer Größe, in ihrer Studierstube sitzend, in denkender, schreibender, demonstrierender Gebärde. So spielen die Autorenporträts im Rahmen des figuralen Schmuckes eine eminente Rolle. Das Autorenbild geht bereits auf die Antike zurück; es lebte in der christlichen Buchmalerei vornehmlich als Evangelistenbild weiter, wurde aber besonders in der Renaissance auf alle Bereiche der Literatur ausgedehnt, nachdem weltliche Autorenbilder schon in manchen mittelalterlichen Handschriften aufgetaucht waren. Im 15. Jahrhundert können die Porträts zeitgenössischer Autoren als einigermaßen authentisch betrachtet werden; ältere Autoren scheinen oft in stereotypen Darstellungsformen auf.

Es fehlen auch nicht liebliche Szenen mit mehreren Figuren oder gar größere Frontispizien und Ziertitel. So sehen wir etwa in einer von Attavante gemalten Martianus-Capella-Handschrift (Venedig, Biblioteca Marciana, Ms. 4054) eine Götterversammlung, die die Vermählung von Merkur und Philologia feiert. Das Brevier der Vaticana (Urb. lat. 112) zeigt die Dreifaltigkeit im Himmel, umgeben von Heiligen, oder Szenen aus dem Leben Jesu.

In Rom arbeiteten unter Pius II. (1458–1464) drei in Florenz ausgebildete Künstler: Andrea da Firenze, Giuliano Amadei und Gioacchino de Gigantibus. Die vor 1467 geschaffene Tacitus-Handschrift in Budapest (Universitätsbibliothek, Cod. lat. 9) zeigt enge Verwandtschaft zum Stil des Malers Gioacchino de Gigantibus. In der Lombardei war einer der begabtesten Maler Ambrogio de Predis; ihm wird eines der schönsten Matthias-Porträts im Marlianus-Codex von Volterra zugeschrieben. Ein ausgezeichneter Verteter der Neapolitaner Buchkunst ist Cristoforo Maiorana; dieser schuf etwa um 1486/87 den Schmuck der Arrian-Handschrift in Rom (Biblioteca Apostolica Vaticana, Cod. Vat. lat. 5268).

Auch in Buda muß eine Werkstatt existiert haben, mochten auch die Meister dieser Schule ihre Werke nicht signiert haben. Eine Anzahl einfach verzierter Handschriften kann als Arbeit des sogenannten „Ersten Wappenmalers" des Königs Matthias angesehen werden. Andere Codices zeigen einen reicheren Stil. So können etwa die Miniaturen des Budapester Trapezuntius-Codex (Országos Széchényi Könyvtár, Clmae 281), des Wiener Ptolemaios-Codex (Österreichische Nationalbibliothek, Cod. 24) und des Wolfenbütteler Tolhopff-Codex (Herzog August-Bibliothek, Cod. 8. 1. Aug. 2°) zu einer Gruppe zusammenzufassen sein. Der Rahmenschmuck weist Girlanden, Jagdtrophäen, Obstkörbe, Putten, Perlen, Edelsteine, Medaillons, Wappen, Kandelaber, Füllhörner, fleurale Motive, Allegorien, Vasen auf, die sämtlich sich von dunklen Farbgründen abheben. In späteren Handschriften sind öfters sekundär die Wappen des Königs Wladislaw II angebracht. Ein schönes Beispiel dieses späten Budaer Stils ist der Pariser Cassianus-Codex (Bibliothèque nationale, Ms. lat. 2129), der unter starkem norditalienischem Einfluß steht; prächtige Vollbilder von Mönchen in felsiger Landschaft, schwere Rahmen mit pflanzlichen Motiven, Putten, Kränzen, Perlen, Schilden, Füllhörnern, Ranken, Obstmotiven, Tieren und etwa 300 illuminierte Initialen geben dem Codex ein reiches Gepränge.

Der Forschung ist es gelungen, auch das Werk einiger anonymer Meister zu erhellen; genauere Analysen werden ein noch deutlicheres Bild zu bringen haben.

Der Schmuck der griechischen Handschriften ist relativ einfach, zumal es sich eher um Gebrauchshandschriften handelt. Der Ornamentschmuck byzantinischer Handschriften wurde immer mehr standardisiert. Den Kapitel- und Textanfängen wurden in der Spätzeit stereotype Ziertitel zugeordnet. Auch kam der Codex mit Textbildern im 13. Jahrhundert immer mehr außer Gebrauch. Beliebt waren Porträts und Evangelistenbilder. So begegnen wir auch bei griechischen Corvinen oft einfachen Zierleisten oder bescheidenen Porträts. Reicher illuminierte griechische Corvinen sind eher selten. Eine Ausnahme ist etwa die Prachthandschrift eines Tetraevangeliars aus einem byzantinischen Kloster der Mitte des 11. Jahrhunderts (Wien, Österreichische Nationalbibliothek, Cod. theol. gr. 154) mit Kanontafeln, Evangelistenbildern, Ziertoren, Initialen und kleinen Textillustrationen.

In der Fülle der Codices der Bibliotheca Corviniana scheint insgesamt eine hinreißende Schönheit auf. Mochten auch inhaltliche Gesichtspunkte die Zusammenstellung und den Aufbau der Bibliothek bestimmen, sollte doch auch der äußere Schmuck dem königlichen Repräsentationsbedürfnis entsprechen und den Ansprüchen der königlichen Macht Genüge tun. Daß dies besonders in der Spätphase des Aufbaues der Büchersammlung gelungen ist, lassen selbst die erhaltenen Handschriften noch erahnen.

IV.
DIE EINBÄNDE DER BIBLIOTHECA CORVINIANA

Die Zerstreuung der Bibliotheca Corviniana nach dem Tode des Besitzers hat es unter anderem bewirkt, daß viele Handschriften in ihren neuen Bibliotheksorten neu gebunden wurden. Daher finden wir Corvinen in Einbänden des 15. bis 19. Jahrhunderts. Soweit die Originaleinbände aber noch erhalten sind, lassen sie die Wirksamkeit eines genialen, uns leider mit Namen nicht bekannten Buchbinders erkennen, der am Sitze der königlichen Bibliothek seine Werkstatt besaß und in unverwechselbarer Weise Frührenaissance-Einbände herstellte, die von einem reichen Spiel künstlerischer Phantasie zeugen. Der „Corvinenmeister" arbeitete noch wenige Jahre über das Todesjahr des Königs Matthias hinaus; dann verlieren sich seine Spuren, ohne daß er einen Nachfolger gefunden hätte.

Von allen für Matthias Corvinus tätigen Künstler ist sein Buchbinder verhältnismäßig am spätesten greifbar geworden. Lange Zeit sprachen die Einbandforscher von mehreren Buchbindern, bis es der stilvergleichenden Arbeit von Ilse Schunke gelang, eine einzige Werkstatt und Meisterpersönlichkeit herauszustellen, die freilich noch in der Anonymität verharren muß, wenn wir ihr auch eine größere Werkstatt mit mehreren Gesellen zuschreiben müssen. Als gesichert darf gelten, daß wir es mit einem in Buda arbeitenden Meister zu tun haben, dessen Heimat im Südosten Europas. vielleicht in der Walachei, zu suchen sein wird. Er hat in selbständiger Weise die Anregungen der italienischen und orientalischen Einbandkunst aufgenommen und verarbeitet.

Die Einbände des Corvinenmeisters weisen vier Kompositions- und Schmuckarten auf: 1) Flechtwerkeinbände; 2) Einbände mit rapportierendem Muster; 3) Kreisbogeneinbände; 4) Architektureinbände.

Der größere Teil der Corvineneinbände ist der Gruppe der Flechtwerkeinbände zuzurechnen. Diese Gruppe ist dadurch charakterisiert, daß das oblonge Mittelfeld von einem Rahmen mit Flechtwerk aus gekerbten Stempeln und Kreisplättchen umschlossen wird; das Mittelfeld selbst ist nach orientalischer Manier durch ein Mittelstück (in dessen Zentrum stets das königliche Wappen steht) und vier korrespondierende Eckstücke oder Eckzwickel gegliedert.

Das Knoten- und Flechtwerk ist an sich bereits ein altes Schmuckmotiv. Es handelt sich um ein Erbe antiker Ornamentik; als Rest des antiken Formenschatzes hat es in den Ländern, die von der hellenistischen und römischen Kultur geprägt oder beeinflußt waren, weitergelebt und konnte daher im Mittelalter unter etlichen Veränderungen an verschiedenen Stellen wieder aufscheinen. Schon koptische Einbände zeigen Knoten- und Hakenwerk. Die Motive mit Flecht- und Knotenwerk beeinflußten die keltische und germanische Kunst und drangen in die frühmittelalterliche Buchkunst ein. So ist denn auch auf romanischen Einbänden Knoten- und Flechtwerk erhalten; vor allem im deutschen und englischen Bereich spielte diese Ornamentik eine größere Rolle. Auch die Kultur des Islam übernahm das im griechischen Osten heimische Schmuckmotiv und entwickelte es weiter. Als im 15. Jahrhundert der orientalische Bucheinband und orientalische Techniken in Europa eindrangen, kamen mit neuen Ledersorten, mit Bemalung, Handvergoldung und Buchtechniken auch neue Schmuckformen in den Westen. In Italien wurde das Flechtornament, das Knoten- und Bandwerk etwa um 1470–80 intensiv in die Formensprache der Künste eingeführt. Daher fehlen auf italienischen Frührenaissancebänden nahezu total figürliche Elemente; vielmehr dominiert das aus kleinen Stempeln zusammengesetzte orientalische Knotenwerk. Noch im 15. Jahrhundert drang das Flechtwerk über Oberitalien, Friaul, Istrien in die Steiermark, nach Niederösterrreich, Wien, Böhmen, Schlesien und Polen vor. Auch in Ungarn findet sich Flechtwerk auf zahlreichen spätgotischen Einbänden. Ebenso über Spanien, das einen arabischen Brückenkopf bis 1492 bildete, fand orientalische Einbandkunst ihren Weg nach Europa. Während auf den islamischen Einbänden das Mittelfeld von einem gleichmäßig breiten Flechtwerkrahmen umgeben war, wurde der Flechtwerkrahmen auf europäischen Einbänden oben und unten breiter als auf den Seiten gestaltet. Besonders bei venezianischen und florentinischen Einbänden ist diese Verbreiterung der Leisten an den Schmalseiten auffällig. Zum Flechtwerk traten oft Kreisplättchen hinzu, die mit ihrer Farbigkeit ein neues Element in den geometrischen Dekor brachten. Die blindgedruckten Teile der Ornamentik konnten allmählich auch in Golddruck ausgeführt werden.

So war der Boden wohl vorbereitet, wenn der Corvinenmeister auf Grund vorgegebener örtlicher Traditionen das Flechtwerk zum beherrschenden Motiv zahlreicher Einbände für Matthias Corvinus machte. Doch brachte er auch viele Neuerungen ein, zumal das Flechtwerk für die

Bildung der Rahmen benützt wurde, während im Mittelfeld fleurale Stempel aufscheinen und damit den Bereich pflanzlichen Schmuckes neben den rein geometrischen stellen. Zugleich wird in den Mittelfeldern ein weiteres orientalisches Kompositionsprinzip übernommen: die Gliederung in ein Mittelstück und vier korrespondierende Eckstücke, ein Motiv, das auf orientalischen Einbänden etwa ebenso wie auf östlichen Teppichen wiederkehrt. Der freie Raum zwischen diesen fünf Stücken wird ebenso wie das Innere der fünf Kompartimente dicht mit Stempeln geschmückt.

Der typische Aufbau des Dekors eines Flechtwerkeinbandes des Corvinenmeisters ist daher der folgende. An den Rändern der Deckel läuft ein von Blindlinien gefaßter Streifen mit farbigen oder goldenen Kreisstempeln. Um das Mittelfeld ist ein Rahmen gelegt, der an den Schmalseiten verbreitert ist; er wird mit blindgedrucktem Flechtwerk aus gekerbten Stempeln und mit Kreisplättchen gefüllt. Das große oblonge Mittelfeld wird von einem den äußeren Begrenzungen entlang laufenden Rahmen mit goldenen Kelchblüten eingefaßt; Ausbuchtungen an den vier Ecken umfassen die vier Eckstücke, in denen abermals goldene Blüten angebracht sind. Farbige Kreisplättchen dominieren im Freiraum zwischen Rahmen und Mittelstück. Das große Mittelstück selbst wird auf den Einbänden in immer neuen Variationen angebracht. Die jeweilige geometrische Form wird von einem Streifen mit Kelchblüten und Plättchen gebildet; das Innere ist dicht mit vergoldeten Blatt- und Blütenranken gefüllt; im Zentrum steht das ungarische Königswappen. Beispiele für die verschiedene Ausformung des Mittelstückes sind etwa folgende: Cod. 92 der Österreichischen Nationalbibliothek zeigt ein kreisförmiges Mittelstück mit vier rechteckigen Ausbuchtungen, Cod. 133 einen Vierpaß, Cod. 138 ein ovales und achtpaßförmiges Gebilde, Cod. 140 ein Oval, Cod. 170 ein oblonges Feld mit Ausbuchtungen, Cod. 977 ein Rechteck, Cod. 1037 einen Vierpaß mit spitzen Ausbuchtungen, Cod. 1391 zwei gegenständige Kelche, Cod. suppl. gr. 4 zwei übereinander gestellte Vierpässe. Eine besondere Stellung unter den Flechtwerkbänden nimmt Cod. 930 der Österreichischen Nationalbibliothek ein, bei dem das Mittelstück in Gestalt eines orientalisierenden Vierpasses mit Lederausschnittarbeit kombiniert ist, insofern das Leder zwischen den Blütenranken ausgeschnitten und farbig unterlegt ist. Zuletzt ist noch darauf hinzuweisen, daß ein Titel des Buches in goldenen Lettern auf einem Streifen an der oberen Schmalseite eines Deckels eingepreßt erscheint.

Eine zweite Gruppe von Einbänden der Bibliotheca Corviniana weist rapportierendes Muster auf. Es handelt sich um einen Fall von Repetitionsmuster oder Wiederholungsmuster, bei dem einzelne Bestandzeile sich in bestimmter Reihenfolge wiederholen. Der einzige Einband der Österreichischen Nationalbibliothek, der dieser Gruppe zuzurechnen ist, ist jener des Cod. 2271, eines Kommentars zum Quadripartitum des Ptolemaios von ʿAlī ibn Riḍwān. Es mag hier erwähnt sein, daß dieser Einband in der Geschichte der Streitfrage um den Wirkungsort des Corvinenmeister eines der Hauptargumente darstellt, daß die Corvinenbände in Ungarn und nicht in Italien entstanden sind; da der Cod. 2271 eine für König Wenzel IV. von Böhmen hergestellte Prachthandschrift bildet, hat schon Theodor Gottlieb hervorgehoben, daß es wahrscheinlicher ist, daß Matthias den Band in Böhmen erwarb, als daß an einen Umweg über Italien gedacht werden sollte. Der Schmuck des Cod. 2271, der beispielhaft genannt werden soll, zeigt im großen Mittelfeld, das lediglich von einem schmalen, an den Schmalseiten verbreiterten Rahmen mit blindem Flechtwerk eingefaßt ist, ein Muster aus neun ganzen und sechs halben Vierpässen, deren Umrahmungen – Goldleisten damit blauen Plättchen – ineinander verschlungen sind. Die Vierpässe sind mit symmetrisch angeordneten Blüten, Blättern, Ranken und Palmetten gefüllt; in der Mitte von fünf Vierpässen ist jeweils das königliche Wappen in Ledereinlage mit roter Bemalung und versilberten Stempeln angebracht; darüber steht die Krone. In den freien Räumen zwischen den Vierpässen sind goldene Kreisplättchen in Sechseckform, am Rand in Dreiecksform angeordnet; der Titel findet sich am Hinterdeckel.

Auch der sogenannte Kreisbogenstil ist unter den Arbeiten des Corvinenmeisters vertreten. Das Hauptmotiv des Schmuckes besteht aus Kreisen, die durch Vertiefungen in den Holzdeckeln und durch Lederausschnittarbeit eine über das an sich flächenhafte Kreisornament hinausgehende plastische Wirkung erzielen. Ein besonders schönes Beispiel dafür ist die Handschrift Ms. 6 der Universitätsbibliothek Erlangen, eine Bibel aus Bologna aus dem 14. Jahrhundert. Der Deckel zeigt fünf Kreise, einen großen mittleren und vier kleinere an den Ecken des Mittelfeldes. Im mittleren Kreis scheint, von drei Kreisringen eingefaßt, ein Medaillon mit dem Profilbild des Königs Matthias auf; es ist der einzige Einband, der anstatt mit dem Wappen mit dem Bild des Königs versehen ist. Die vier kleinen Kreise zeigen je einen Raben mit dem Ring im Schnabel, das Wappentier des Königs. Aus der Österreichischen Nationalbibliothek ist als ein schöner Vertreter des Kreisbogenstils der Cod. 644 zu nennen, eine Handschrift der Briefe des Hieronymus; sie dürfte wohl erst nach 1490 vom Corvinenmeister, also bereits unter der Herrschaft von König Wladislaw II., gebunden worden sein. Wieder zeigen sich fünf Kreise auf dem Deckel; ein großer Zentralkreis ist in vier konzentrischen Teilen treppenartig vertieft, mit fleuralem und geometrischem Dekor versehen und trägt in der Mitte das Königswappen. Die vier kleinen Kreise zeigen die Wappen von Polen und Ungarn.

Ausschnittarbeit in Leder hat einen besonders schönen Vertreter im Einband des Psalters der Königin Beatrix (Wolfenbüttel, Herzog August Bibliothek, Cod. 39 Aug. 4°) gefunden, der an persische Vorlagen erinnert. In der Mitte des teils mit Blinddruck, teils mit Golddruck und Lederausschnittarbeit reich verzierten Einbandes ist das Matthias-Wappen in einem treppenartig vertieften mandelförmigen Ausschnitt eingepreßt; die Zwischenräume sind mit Arabesken und pflanzlichen Ornamenten ausgefüllt.

Den sogenannten Stil der Architektureinbände repräsentiert der Einband des Cod. 656 der Österreichischen Nationalbibliothek, einer Handschrift des Paulinenkommentars des Theophylaktos von Ochrid aus Florenz um 1488/90. Den Rand begleiten abermals ein Streifen und Kreisplättchen und ein schmaler, an den Schmalseiten aber sehr verbreiterter Rahmen mit blindem Flechtwerk. Im großen Mittelfeld steht ein großer Renaissance-Porticus, gebildet aus goldenen Linien; in seiner Mitte ist ein Wappenfeld zu erblicken. Der Torbogen steht auf einem Sockel mit Blumenranken, Kelchen und Palmetten; unter dem Sockel sind Streifen mit Kelchen, über ihm Pilaster aus Goldlinien mit Vasen, Kelchen und Ranken zu sehen; sie tragen einen mit Zahnschnitt und Kelchblumen verzierten Architrav, auf dem ein mit drei Eierstäben geschmückter Segmentbogen aufruht. Von den äußeren Enden des Architravs hängen Girlanden mit Blattbüscheln herab, ebenso zu beiden Seiten des Segmentbogens. Da das Wappenfeld leer geblieben ist, dürfte der Einband erst nach 1490, dem Todesjahr von Matthias, vollendet worden sein.

Auch die dekorativen Torbügen aus den Architektureinbänden der Frührenaissance hatten eine lange Tradition. Einerseits sind sie in Parallele zu den gemalten Einfassungen von Prachthandschriften zu stellen, später auch zu den Titelholzschnitten früher Drucke; im späteren 16. Jahrhundert stammen Vorlagen aus Architekturbüchern und Ornamentstichen, was zur Folge hatte, daß die Architekturmotive perspektivischer und dreidimensional wurden. Architekturmotive auf Einbänden hatten ein Nachleben bis ins 19. Jahrhundert, als man in Frankreich den romantischen Kathedralstil aufbrachte.

Mit einigen Einbänden, nicht zuletzt im Kreisbogen- und Architekturstil, reichte die Wirksamkeit des Corvinenmeister noch in die 90er Jahre des 15. Jahrhunderts. Die Spuren seiner Werkstatt verlieren sich dann; er hat keinen ebenbürtigen Nachfolger gefunden. Wohl haben sich einige Buchbinder bei ihm ihr Wissen geholt, doch sind sie andere Wege gegangen.

V.

DIE TEXT- UND ÜBERLIEFERUNGSGESCHICHTLICHE BEDEUTUNG DER BIBLIOTHECA CORVINIANA

Ziel des ehrgeizigen Projektes des Aufbaus einer humanistischen Bibliothek durch König Matthias war es, die geistigen Schätze der Antike, des Mittelalters und der Gegenwart in größtmöglicher Vollständigkeit an einem Ort zu vereinen. Auf dem Höhepunkt ihrer Existenz mochte die Bibliothek an die 2000 bis 2500 Bände vereint haben und könnte unter Berücksichtigung der Sammelbände an die 4000 bis 5000 Schriften umfaßt haben. Mochten andere Bibliotheken des späten Mittelalters und der Frührenaissance auch hinsichtlich der äußeren Pracht mit der Bibliotheca Corviniana wetteifern – man denke an die Sammlung König Wenzels IV. von Böhmen, an die päpstliche Bibliothek im Vatikan, an die Sammlungen italienischer Fürsten wie der Medici, der Sforza, der Aragonesen – so stand die Bibliothek des Königs Matthias wohl an erster Stelle unter dem Aspekt des Inhaltes der Bände. Wenn man bedenkt, daß an die 60% der Werke, die erhalten oder aus den Quellen bekannt sind, zu Lebzeiten von König Matthias noch nicht im Druck ediert waren, geht auch aus dieser Tatsache hervor, warum die Handschriften in der Corviniana dominieren mußten, aber auch die Bedeutung, die die königliche Sammlung in text- und überlieferungsgeschichtlicher Hinsicht haben mußte. Noch die moderne philologische Forschung weiß es dem König zu danken, daß mancher Text wenigstens in einer Corvine erhalten blieb. So liegt die byzantinische Kirchengeschichte des Nikephoros Kallistos Xanthopulos nur mehr im Cod. hist. gr. 8 der Österreichischen Nationalbibliothek aus dem 14. Jahrhundert vor; das Werk des Kaisers Konstantin VII. Porphyrogennetos über die Zeremonien des Hofes liegt noch im Cod. Rep. I. n. 17 der Universitätsbibliothek Leipzig aus dem 12. Jahrhundert vor. Zwischen 1473 und 1475 entstand der Codex unicus des „Dialogus de Matthiae regis laudibus" von Ludovicus Carbo, einem ferraresischen Humanisten († 1482); in einer von Attavante um 1468 illuminierten Prachthandschrift ist nur mehr die „Epistula de laudibus augustae bibliothecae" des Florentiner Humanisten Naldus Naldius († nach 1513) überliefert (Torun, Stadtbibliothek, Cod. lat. R. Fol. 21. 107); nur mehr im Wolfenbütteler Cod. 85. 1.1. Aug. 2°, aus Rom oder Umbrien um 1487/88 stammend, das Werk „De Matthiae Corvini Ungariae regis laudibus bellicis carmen" des italienischen Humanisten und päpstlichen Sekretärs Alexander Cortesius († 1499?). Noch aus den Quellen kann auf wertvolle, leider heute verlorene Handschriften geschlossen werden, wie jene des vollständigen Hypereides oder des Corippus. Waren viele Corvinen angesichts ihrer späten Entstehung auch nicht immer die besten Textzeugen, so fehlte es andererseits nicht an Handschriften, die für die Textkonstitution des betreffenden Autors von großer Bedeutung sind. So darf der Codex der „Silvae" des Statius (Wien, Österreichische Nationalbibliothek, Cod. 140) zu den besten Handschriften des Werkes gerechnet werden, während etwa die Handschrift der „Kyrupädie" des Xenophon aus der Mitte des 10. Jahrhunderts (Erlangen, Universitätsbibliothek, Ms. 1226) der älteste Textzeuge des Buches ist. Das Bestreben, gute Texte zu besorgen, konnte daher sogar zur Folge haben, daß mehrere Exemplare eines Autors vorhanden waren.

Wenn der Inhalt der königlichen Sammlung betrachtet wird, so tritt schon auf den ersten Blick die Vielfalt der darin berücksichtigten Gebiete vor Augen: Philosophie, Theologie, Historiographie, Grammatik und Philologie, Rhetorik, Poetik, Rechtswissenschaft, Astronomie, Medizin, Geographie, Architektur, Kriegswissenschaft waren vertreten. Die profanen Werke nahmen unter den erhaltenen Corvinen 67% ein, während die theologischen Bücher nur 33% umfaßten. Im Gegensatz dazu sei etwa auf die 1686 in Buda vorgefundene, fälschlich für die Reste der Corviniana angesehene Büchersammlung verwiesen, bei der an eine Bibliothek einer religiösen Gemeinschaft oder der königlichen Kapelle gedacht werden muß; in ihr standen die religiösen zu den profanen Büchern im Verhältnis 62,1% : 37,9%!

Für die Bedeutung der Corviniana ist auch maßgebend, daß eine große Zahl griechischer Werke zu ihren Beständen gehörte. Neben den Handschriften in der Originalsprache sind es in erster Linie lateinische Übersetzungen griechischer Werke, die dem Abendland die Kenntnis des Inhaltes griechischer Literatur und Wissenschaft vermittelten. Nachdem im frühen Mittelalter im Westen die Kenntnis des Griechischen verlorengegangen war, mußten Übersetzungen aus dem Griechischen ins Lateinische zwangsläufig eine große Rolle spielen. Die schicksalshafte Begegnung des Abendlandes mit der islamischen Welt im 12. und 13. Jahrhundert hatte zur Folge, daß eine große Zahl griechischer Autoren durch Übersetzungen aus dem Arabischen ins Lateinische bekannt wurde.

Bedeutsam war vor allem die damit verbundene Rezeption der Philosophie des Aristoteles und die Übernahme mathematischer, astronomischer, naturwissenschaftlicher, medizinischer und geographischer Werke. Ab dem 13. Jahrhundert setzten aber bereits wieder in stärkerem Maße Übersetzungen direkt aus dem Griechischen ein; man denke besonders an die Pionierarbeit des Wilhelm von Moerbeke, der dem Westen Aristoteles, Hippokrates, Galenos, Archimedes und Heron erschloß. Viele dieser Übersetzungen waren noch im Spätmittelalter bekannt. Im Zeitalter der Renaissance traten aber daneben nicht nur neue und sprachlich bessere Übersetzungen bereits bekannter Autoren, sondern in noch höherem Maße Übertragungen fast aller griechischer Autoren, die durch die Rezeption der griechischen Sprache und Literatur vor allem im 14. und 15. Jahrhundert bekannt geworden waren. Die Humanisten wetteiferten in der Anfertigung moderner Übersetzungen; so stand um 1500 nahezu die gesamte griechische und auch byzantinische Literatur, sowohl in der Originalsprache wie in Übersetzungen zur Verfügung; die Drucklegung dieses reichen Textmaterials erfolgte überdies zum größeren Teil erst im 16. und 17. Jahrhundert. Die Bibliotheca Corviniana zeichnete sich, diesem Trend entsprechend, ebenfalls durch eine große Anzahl von lateinischen Übersetzungen griechischer Texte aus. Zwei Drittel der etwa 650 Werke aus dem Bereich der griechischen Literatur vertreten antike Autoren; die byzantinische Literatur tritt daneben noch etwas zurück. Mit dieser Zahl kommt die griechische Literatur in der Corviniana an die Zahl der römischen Autoren heran; und sie übertrifft sogar die Summe der mittelalterlichen und humanistischen Autoren. Es darf daher betont werden, daß die Bibliotheca Corviniana einen großen Beitrag zur Verbreitung der griechischen Kultur im europäischen Humanismus leistete.

Schon ein flüchtiger Blick auf die Zusammenstellung der königlichen Bibliothek lehrt deren universelle Zusammensetzung und ihre Schwerpunkte auf den Gebieten der antiken und der Renaissance-Literatur. Von den großen Epikern, die am Beginn der europäischen Literatur standen, von Homer und Hesiod, lagen Handschriften vor. Aber auch späte Epik fehlte nicht, wie Lehrgedichte des Oppianos aus dem 2. Jahrhundert n. Chr. zeigen. Mit dem Lyriker Alkaios war ein Meister griechischer Dichtung vertreten, mit den Dramen des Aischylos der Vater der griechischen Tragödie. Hauptvertreter der griechischen Rhetorik wie Demosthenes, Aischines oder Isokrates durften nicht fehlen; aber selbst den Liebesroman des Heliodor von Emesa aus dem 4. Jahrhundert n. Chr. verschmähte der Sammler nicht. Reicher gedeckt war der Tisch der griechischen Wissenschaft. Wenn in der Spätantike, im Mittelalter und in der Renaissance nur zwei philosophische Richtungen sich durchgesetzt hatten, der Platonismus und der Aristotelismus, so durfte von vornherein erwartet werden, daß Handschriften von Platon und von Aristoteles zur Bibliotheca Corviniana zählten. Da der Platonismus in der Spätantike seine besondere Ausformung in Gestalt des Neuplatonismus fand, wundert es nicht, wenn Neuplatoniker wie Plotinos, Porphyrios, Simplikios, Synesios vorhanden sind. Die Moralphilosophie und Historiographie des Plutarchos von Chaironeia war in der Renaissance allseits beliebt. Aus dem Bereich des Peripatos stammt auch Theophrastos, der Schüler des Aristoteles, aus dem sokratischen Kreis Xenophon. Äußerst reich war die griechische Historiographie vertreten; der Bogen spannt sich von Autoren der klassischen Zeit wie Herodot über solche des Hellenismus wie Polybios, Dionysios von Halikarnaß und Diodorus Siculus bis zu jenen der römischen Kaiserzeit wie Appianos, Arrianos, Herodianos und Plutarchos. Mit den enzyklopädischen Werken des Strabon von Amaseia und des Claudius Ptolemaios liegen die grundlegenden Quellen der antiken Geographie vor; Ptolemaios ist zugleich die große Autorität des astronomischen Weltbildes der Antike und des Mittelaters geworden. Aber auch Disziplinen wie Mathematik – vertreten durch Heron von Alexandreia – oder Kriegswissenschaft – vertreten durch den Taktiker Ailianos – fehlen nicht.

Aus dem Bereich der römischen Dichtung standen der Corviniana wertvolle Handschriften zur Verfügung. Den Auftakt machten die Komödiendichter Plautus und Terenz aus republikanischer Zeit. Reich vertreten ist die Dichtung aus dem 1. Jahrhundert v. Chr. und aus augusteischer Zeit, wie die klingenden Namen eines Catull, Tibull, Properz, eines Ovid und Horaz, eines Lukrez, eines Silius Italicus verraten. Aus der Zeit der silbernen Latinität stammen Dichter wie Martial, Juvenal, Seneca und Statius. Die Epen des Vergil aus der Zeit des Augustus bilden den Höhepunkt römischer epischer Dichtung. Das Zeitalter der Renaissance orientierte sich weitgehend am Stilideal des Cicero; ein Ciceronianismus prägte das Humanistenlatein. So mußten Ciceros philosophische und rhetorische Werke, Reden und Briefe denn auch einen wichtigen Bestandteil der Corviniana bilden. Mit dem Werk Quintilians lagen maßgebende rhetorische Lehrbücher vor. Vom Satyriker Petron aus der Zeit Neros bis zu den Philologen und Philosophen des 5. Jahrhunderts n. Chr. wie Macrobius und Martianus Capella spannt sich der Bogen römischer Prosa. Die römische Historiographie reicht von den maßgebenden Werken eines Caesar und Livius über Klassiker wie Sueton, Sallust und Nepos zum Genie eines Tacitus, zum Alexanderhistoriker Curtius Rufus und zuletzt zu spätantiken Autoren wie Ammianus Marcellinus, Marcellinus Comes und den tendenziösen Scriptores Historiae Augustae. An die Seite der griechischen Philosophen stellen sich Römer wie die Platoniker Marius Victorinus und Chalcidius oder der Stoiker Seneca. Mediziner wie Aulus Cornelius Celsus, Architekten wie Vitruvius, Taktiker wie Frontinus, Grammatiker wie Aulus Gellius, Pompeius Festus und Pomponius Porphyrio runden das Panorama römischer Fachschriftstellerei ab. Das monumentale Werk des älteren Plinius war eine Fundgrube naturwissenschaftlicher Kenntnisse.

Neben der klassischen griechischen und römischen Literatur spielten in der Zeit des Humanismus auch die griechischen und lateinischen christlichen Schriftsteller, die Kirchenväter, eine bedeutsame Rolle. Humanistische Gesinnung erstreckte sich auf den heidnisch-antiken Bereich ebenso wie auf die christliche Antike. Daher darf es nicht wundern, daß Matthias Corvinus zahlreiche Handschriften der Väter im Original oder in Übersetzungen besaß; alle klingenden Namen sind hier vertreten. Von den Griechen seien genannt der große Vorkämpfer des Nizänums, Athanasios von Alexandreia, der Ideologe der Zeit Konstantins I., Eusebios von Kaisareia, zugleich der Vater der Kirchengeschichtsschreibung, ferner der geniale Denker Origenes, der Schöpfer einer kühnen Synthese des Christentums mit dem Platonismus, des weiteren die großen kappadokischen Väter des 4. Jahrhunderts, Basileios von Kaisareia und Gregor von Nazianz. Der kämpferische Patriarch Kyrillos von Alexandreia, dessen Gedanken dem Monophysitismus den Weg bereiteten, fehlt ebenso wenig wie der größte griechische Prediger, aber so unglückliche Patriarch von Konstantinopel, Johannes Chrysostomos. Mit den Schriften des Pseudo-Dionysios Areiopagites liegen Dokumente der negativen Theologie und des christlichen Platonismus vor, die Ost und West bis ins Mittelalter tief beeinflussen sollten. Die Leuchten der lateinischen Patristik und maßgebenden Denker wie Ambrosius von Mailand, Hieronymus, Augustinus, Gregor der Große durften in keiner Bibliothek fehlen. Die patristischen Handschriften umfaßten hauptsächlich die Gebiete der Dogmatik, Exegese, Hagiographie, Apologetik und Homiletik. Selbst etwas merkwürdige Schriften wie der Pseudo-Aristeas-Brief oder der Roman der Pseudo-Clementinen lagen in Corvinen vor; in einzelnen Handschriften oder in Miszellan-Codices gab es Textzeugen vieler weniger bedeutender Kirchenschriftsteller. Die theologische Literatur umfaßte naturgemäß auch Handschriften der Bibel oder ihrer Teile, etwa der Evangelien oder des Psalteriums, liturgische Handschriften der Ost- und Westkirche, wie Graduale, Missale, Brevier, Horologion.

Eine relativ enger umschränkte Gruppe bildeten Texte aus der byzantinischen Literatur. Aber auch hier ist das Panorama breit: Theologen wie Johannes von Damaskos, Johannes Klimax, Theophylaktos von Ochrid, Historiker wie Agathias, Prokopios von Kaisareia, Michael Glykas und Johannes Zonaras, Kirchengeschichtsschreiber wie Nikephoros Kallistos Xanthopulos, Kaiser wie Konstantin VII. Porphyrogennetos, Philosophen wie Michael Psellos sind vertreten, oft mit Codices unici der wertvollen Textzeugen.

Nur vereinzelt tauchen arabische Autoren auf, deren naturwissenschaftliche Schriften als Lehrbücher im Abendland gebraucht wurden; man denke an das medizinische Lehrbuch „Canon" des Avicenna, den Ptolemaioskommentar des ʿAlī ibn Riḍwān oder die astronomischen Schriften des Albohali.

Die Orientierung der Bibliotheca Corvinina auf Antike und Humanismus bedingte, daß das Mittelalter und im speziellen die scholastische Literatur zurücktreten mußte. Natürlich gab es Autoritäten, die eine lange Nachwirkung hatten. Die Sentenzen des Petrus Lombardus waren das grundlegende und oft kommentierte dogmatische Lehrbuch des Mittelalters geworden. Thomas von Aquin hatte als Dogmatiker, Exeget und Philosoph das Denken vieler Jahrhunderte nach ihm geprägt und der Aristotelesrezeption nachhaltige Impulse verliehen. Doch die mittelalterlichen Autoren in der Corviniana waren nicht nur Theologen; neben dem frühmittelalterlichen Historiker, Exegeten und Universalgelehrten Beda Venerabilis, dem Prediger Bernhard von Clairvaux, dem Sentenzenkommentator Franciscus Maro, dem Kanonisten Nicolaus de Ausmo, dem Dogmatiker Petrus Nigri, dem Autor der „Pantheologia", Raynerius de Pisis, sehen wir den Kriegswissenschaftler Konrad Kyeser, den Historiker Martinus Polonus, den landwirtschaftlichen Experten Petrus de Crescentiis, eine anonyme Encyclopaedia medica aus Böhmen.

Den letzten großen Schwerpunkt in der Bibliotheca Corviniana machen die Schriften zeitgenössischer Autoren, vor allem der italienischen

Abb. 17. *Publius Papinius Statius, Silvarum libri V. (lateinisch).*
Von einem vielleicht ungarischen Schreiber um 1470 geschrieben und in Buda zwischen 1470 und 1490 vom ersten Wappenmaler des Königs Matthias illuminiert.
Textbeginn mit goldener Initiale D über rotem Binnen- und blauem Außengrund; Wappen des Königs.
Wien, Österreichische Nationalbibliothek, Cod. 140, Bl. 1r.
Der Wiener Codex 140 gehört zu den für die Textkonstitution der „Silvae" des römischen Dichters Statius († 96 n. Chr.) bedeutendsten Handschriften. Statius hatte neben seinen großen Epen „Thebais" und „Achilleis" Gelegenheitsgedichte geschrieben, die zu einer Sammlung vereinigt wurden. Die humanistische Überlieferung beruhte auf einer von Poggio Bracciolini veranlaßten Kopie einer alten Handschrift. Die Wiener Handschrift repräsentiert einen einfachen Stil der ungarischen Buchmalerei der Frührenaissance, der durch dunkle Farben und schwere Motive gekennzeichnet ist. Abermals ist an dieser Handschrift auch der originale Einband des Corvinenmeisters erhalten. Über den Humanisten Alexander Brassicanus und die Ambraser Sammlung in Tirol gelangte der Codex im 17. Jahrhundert nach Wien. (83% d. (Originalgröße) ➤

STATIUS STELLE SUO SALUTEM

DIU MULTUM Q DUBITAVI STELLA IUVENIS
optime & in studiis nostris eminentissime: a
qua parte uoluisti, an hos libellos qui [mihi] subito ca-
lore & quadam festinandi uoluptate fluxerunt.
cum singuli de sinu meo pro . . con
gregatos ipse dimitterem. Quid enim
quoque auctoritate editionis onerari, quo adhuc pro thebaide
mea quamuis me reliquerit timeo. Sed & culicem legimus & uatra-
chomachiam [l' batrochomiomachiam] etiam agnoscimus. Nec quisquam est illustrium poetarum
qui non aliquid operibus suis stilo remissiore preluserit. quid quod hec
serum erat continere, cum illa uos certe quorum honori data sunt haberetis.
Sed apud ceteros necesse est multum illis pereat ex uenia, cum amiserint
quam solam habuerunt gratiam celeritatis. Nullum enim ex illis biduo lon-
gius tractum quedam & in singulis diebus effusa. Quam timeo ne
uerum isthuc uersus quoque ipsi de se probent. Primus libellus sacrosanctum
habet testem, sumendum enim erat a Ioue principium. Ceterum hos uersus
quos in equum maximum feci indulgentissimo imperatori postero die
quam dedicauerat opus tradere ausus sum, potuisti illud dicet aliquis
et ante uidisse. respondebis illi tu stella carissime qui epithalamion
tuum quod mihi iniunxeras scis biduo scriptum audacter mehercules
sed tamen tamen eos exametros habet & forsitan tu pro collega menti-
eris. Manlius certe uopiscus uir eruditissimus & qui precipue uin-
dicat a situ literas iam pene fugientes solet ultro quoque nomine meo
gloriari uillam tiburtinam suam descriptam a nobis uno die, sequitur
libellus rutilio gallico est ualenti dedicatus de quo nihil dico ne ui-
dear defuncti testis occasione mentiri. Nam claudi etrusci testimo-
nium est qui balneolum a me suum intra moram cene recepit. In fine
sunt Kalende decembres quibus utique credetur. Noctem enim illam felicissi-
mam & uoluptatibus publicis inexpertam.

Magne compositionis Claudii Ptolomei libri a Georgio trapeçuntio traducti Incipiunt Capitula primi libri Feliciter

Sequitur Capitulum p̄mum
Prefatio Auctoris :-

ER OPTIME MIHI VIdentur o syre qui bene philosophati sunt speculatiuam philosophie partem ab actiua seperasse. Nam & si actiue accidat parti ut prius speculatiua sit. magnam tamen differentia in ipsis inuenies. non solum. quia nonnulle uirtutes morales absque disciplina et multis inesse possunt. cum speculatiuam sciencia sine doctrina consequi impossibile sit. Verum et quia maxima utilitas in alterā ex frequenti actione que in ipsis rebus habetur. in altera ex progressu speculaconū fieri solet. Hinc opus esse nobis putauimus ut actiones quidem cogitandi motibus sic temperemus. q ne in minimis quidem consideraconis eius obliuiscamur. que ad pulcram ordinatamque mentis constitutionem perducat. Otiu autem maxime ad doctrinam theorematum que plurima pulcherrimaque sut & precipue illorum que proprie mathematica dicuntur conuertamus. Conmode namque ad modum Aristotiles speculatiuam ptem in tria rursus genera pa̋titur. physicum. Mathematicum. Theologicum. Nam cum res omnes ex materia & forma et motu constent quorum singula quis minime seorsum a subiecto inspici possint. intelligi tamen sine reliquis possunt. Primam quidem primi oium motus causam si quis in suma simplicitate accipiat. dm

◄ ***Abb. 18.*** *Claudius Ptolemaios, Magnae Compositionis libri (seu Almagesti) a Georgio Trapezuntio traducti (lateinisch).*
Vielleicht von einem Schreiber des János Vitéz 1467 geschrieben, illuminiert vermutlich in Buda 1489.
Zierseite mit reichem Randschmuck im Budaer Stil, mit Allegorien in Medaillons, Kandelabern, Füllhörnern, Putti, Tritonen, Wappen, Perlen und fleuralen Motiven; historisierte Initiale P mit Bild des Ptolemaios in königlicher Tracht.
Wien, Österreichische Nationalbibliothek, Cod. 24, Bl. 1r.
Die „Magna Compositio" (auch „Almagest" genannt) des Ptolemaios bildete die erste umfassende Darstellung der mathematischen Astronomie in der Antike. Nachdem arabische Übersetzungen den Text im Hochmittelalter dem Abendland bekannt gemacht hatten, lieferte noch die Zeit der Humanisten neue Übertragungen des grundlegenden Werkes, wie jene des Humanisten Georgios von Trapezunt († 1484). Der Codex 24 stellt eine in Buda selbst vollendete Prachthandschrift dar. Die Zierseite bietet ein schönes Beispiel des Budaer Malstils der Frührenaissance; der Miniator dürfte wohl seine Schulung aus Italien empfangen haben. Aus dem Besitz von Erzbischof János Vitéz gelangte der Codex in jenen von Matthias Corvinus selbst; im 16. Jahrhundert war Magister Georg Ratzenperger, Rektor zu Wien, ein Vorbesitzer, bis die Handschrift über die alte Wiener Stadtbibliothek 1780 in die Hofbibliothek gelangte. (46% d. Originalgröße)

Abb. 19. *Griechisches Tetraevangeliar.*
Prachthandschrift, geschrieben und illuminiert in einem byzantinischen Kloster in der Mitte des 11. Jahrhunderts.
Kanonesbögen, in Gestalt von fleural ornamentierten Ziborien über verknoteten Doppelstabsäulen.
Wien, Österreichische Nationalbibliothek, Cod. theol. gr. 154, Bl. 4v.
Bibelhandschriften waren in der königlichen Bibliothek zu Buda nicht eben zahlreich vertreten. Neben Vollbibeln gab es auch Handschriften einzelner Teile der Heiligen Schrift. Dazu zählt ein prachtvolles byzantinisches Tetraevangeliar aus dem 11. Jahrhundert. Die Kanonesbögen stellen architektonische Rahmungen für Zahlenkolumnen dar, in denen (auf Grund einer Erfindung des Eusebios von Kaisareia) die Entsprechung von Stellen aus den vier Evangelien bzw. das Sondergut einzelner Evangelisten veranschaulicht wird. Die christliche Buchmalerei hat diese Kolumnen zu reicher ornamentaler Verzierung der die Evangelien einleitenden Seiten benützt. (84% d. Originalgröße) ➤

κ(ανὼν) ὄγδοος

μθ	μρ	λου	ἰω
ρξϛ σθ σιδ	πβ ριθ ρκδ	ξδ σλδ σλη	ιζ ρ κδ
σκ σκ σκ	ρκβ ρκβ ρκθ	σλθ σμβ σξδ	πε πϛ οζ
σμδ πζ σοδ	ρλθ ρλθ ρηϛ	ση ση σξ	ρμζ ρμδ κ
σοδ σοδ σοϛ σπ	ρηϛ ρηϛ ρηη ρξβ	σξ σξ [illegible]δ σξθ	μη ξϛ ση ρκβ
σπδ σπδ σπδ σπδ	ρξγ ρξε ρξε ρξε	σξϛ σξϛ σξϛ σξϛ	νε ξγ ξε ξζ

ἐν ᾧ οἱ β̄

μθ	μρ	λου	ἰω
τκϛ τκη τλδ	σε σϛ σθ	τιγ τιδ τιε	ρξδ ρξϛ ρξζ
τλβ τλδ τλε	σι σιβ σιδ	τιη τκα τκδ	ρξζ σα ρξθ
τλϛ τλϛ τμγ	σιε σιε σκε	τιζ τιθ τιθ	ρξη ρξη σδ
τμη τμθ τηβ τηβ	σκζ σκη σκθ σλα	τλβ τλγ τλϛ τλϛ	σϛ ση σθ σια
τέλος	τοῦ =λ	καν/ο	νος +

4v

14v

◄ ***Abb. 20.** Griechisches Tetraevangeliar.*

Prachthandschrift, geschrieben und illuminiert in einem byzantinischen Kloster in der Mitte des 11. Jahrhunderts.

Evangelistenbild des Matthaeus über gerahmtem Goldgrund.

Wien, Österreichische Nationalbibliothek, Cod. theol. gr. 154, Bl. 14v.

Die prachtvollen Evangelistenbilder des Tetraevangeliars stellen die Autoren der Evangelien vor ihren Pulten in der Tätigkeit des Schreibens dar. Die christliche Buchmalerei hat hier die Sitte der antiken Autorenbilder übernommen und fortgesetzt. Das hellenistische Stilideal des plastisch erfaßten Körpers und des malerischen Faltenwurfes der Gewänder kontrastiert mit der Durchgeistigung der asketischen Gesichtszüge der Evangelisten. Vor dem Goldgrund, dem Symbol des Ewigen, stehen strenge Gestalten, die an die Figuren von Ikonen erinnern. (84% d. Originalgröße)

Abb. 21. *Griechisches Tetraevangeliar.*
Prachthandschrift, geschrieben und illuminiert in einem byzantinischen Kloster in der Mitte des 11. Jahrhunderts.
Textbeginn des Markusevangeliums, mit prachtvollem Ziertor und Engelfiguren.
Wien, Österreichische Nationalbibliothek, Cod. theol. gr. 154, Bl. 88r.
In griechischen Evangelienhandschriften hatte sich die Sitte eingebürgert, den Beginn der vier Evangelien durch Ziertore und Zierleisten zu markieren. In diesen Gebilden erscheint eine Fülle von Schmuckmotiven ornamentaler, phytomorpher, zoomorpher und auch anthropomorpher Herkunft auf. Vor allem hat östliche Kunst früh auf diese Schmuckformen Einfluß ausgeübt. In der vorliegenden Handschrift sind außerdem 39 kleine Randillustrationen an die Ränder der Texte gemalt, die einzelne bedeutsame Szenen der Evangelien veranschaulichen. Der Codex gehört zu den ältesten Beispielen der biblischen Randillustration in Byzanz. (84% d. Originalgröße) ➤

κυ̅ πρὸ τῶν φώτων· ἀρχὴ τοῦ εὐ ἰυ̅ χυ̅ υἱοῦ·:

[illegible]

ΕΥΑΓΓΕΛΙΟΝ ΚΑΤΑ ΜΑΡΚΟΝ

Ἀρχὴ τοῦ εὐαγγελίου ἰυ̅ χυ̅ υἱοῦ τοῦ θυ̅· ὡς
γέγραπται ἐν τοῖς προφήταις· ἰδοὺ ἐ
γὼ ἀποστέλλω τὸν ἄγγελόν μου πρὸ προ
σώπου σου· ὃς κατασκευάσει τὴν ὁδόν
σου ἔμπροσθέν σου· φωνὴ βοῶντος ἐν
Τῇ ἐρήμῳ· ἑτοιμάσατε τὴν ὁδὸν κυ̅· εὐθεί
ας ποιεῖτε τὰς τρίβους αὐτοῦ· ἐγένε
Το ἰωάννης βαπτίζων ἐν τῇ ἐρήμῳ
καὶ κηρύσσων βάπτισμα μετανοίας εἰς
ἄφεσιν ἁμαρτιῶν· καὶ ἐξεπορεύετο πρὸς
αὐτὸν πᾶσα ἡ ἰουδαία χώρα· καὶ οἱ ἱε

[illegible]

ὁ ἅγ(ιος) Κωνσταντῖνος:

Τοῦ αὐτοῦ Νικηφόρου Καλλίστου τοῦ Ξανθοπούλου ἐκκλησιαστικῆς ἱστορίας Η΄ :— Κεφ. α΄

Ὡς μὲν δὴ τῷ ἰσαποστόλῳ γέγονε τὰ Κωνσταντίνῳ· πρὶν ἐς ἀντίπαλον κριθῆναι μοῖραν Λικινίῳ τῷ δυσσεβεῖ· ἄχρι δὴ καὶ ἐς τὴν Βύζαντος οἰκοδομήν τε καὶ τὴν ἐς κρεῖττον ἀλλοίωσιν, ταῦτα ἐστίν· ἐπεὶ δὲ τῶν λίαν ἀναγκαίων ἔμοιγε ἔκρινε τὰ τῶν οὕτω περιφανῶν βασιλέων· ἐς τὴν τῆς [illegible] φράσαι ὡς αὐτίς [illegible] καὶ κορωνίδα· τῶν τῶν δυσσεβεστάτων τυράννων καταλόγων συμμικρὸν ὅσον ἐᾶν· τό γε δὴ πάντως ἐξ ἀνάγκης συνέβαινεν, οὐκ ὀλίγον τὴν διήγησιν ταύτην ὡς ἐγχωρεῖ, ἐς ἰδίως τόμον συμπεριγράψαι· περιφανῆ τε οὖσαν καὶ τὸ ὑπερφέρον προβεβλημένην ἐμφάσεσι· καὶ νῦν ὅσα μὲν πρὸς διάφορα ταῖς τῶν τυράννων χερσὶν ἦν καταμεμιγμένα, ὡς οἷόν τε τοῖς δρωμένοις τῷ λόγῳ [illegible] καὶ [illegible] ἀναγραφήν· ἐς ὡς [illegible] τὴν ἀρχὴν κατέστη, ἐκδιηγούμενοι· ἔσται ὡς καὶ τὴν παλαιτέραν κατορχούμενος· ἐς κατ' [illegible] ποιοῦντες [illegible] διοῦ καὶ τῶν ἀλιτηρίων τυράννων [illegible]· ἐπεὶ ταῦτα ὡς τὸ θεῖον [illegible] καὶ [illegible]· ἐς ὅσα ὑπὲρ Χριστιανῶν καὶ τῶν ἐκκλησιῶν διεπράξατο· καὶ τίσι νομοθετήμασι ὑπὲρ αὐτῶν κεχρημένος, τά τε μέτρα ὡς τάχος ἐπιδοῦναι [illegible]· ἔτι δὲ καὶ ὡς Λικίνιος αὐτῷ τῆς ἀρχῆς [illegible] φθορεύς· ἐς τέλος, ὡς Βυζάντιον χαρισάμενος, πρὸς ἑαυτὸν [illegible]· ἐς τὴν ἐν αὐτῷ ἐπώνυμον πόλιν [illegible]· μέχρις τε καὶ οἴκοις· συμβόλοις τε καὶ ἀγάλμασιν· ἔδρασί τε καὶ δημοσίοις ἄλλοις διαρκῶς [illegible] ἔσωθέν τε καὶ ἔξωθεν· ταῦτα μὲν οὖν ἅπας ὁ πλατὺς ἐφεξῆς μέγα, ὧν δὴ [illegible]

Ἀ[illegible] θεῖος ὁ λόγος· τὰ δὲ ἐφεξῆς, πλατύτερον διεξήθοι· τὰ κατὰ τὸν δυσσεβέστατον [illegible] Ἄρειον· ἐς τὴν ἐν Νικαίᾳ πρώτην οἰκουμενικὴν σύνοδον· τήν τε φοβερὰν [illegible] καὶ αὐτὰ διὰ [illegible] ἀνδρῶν· ἐς ὅσα τῶν ἐθνῶν καὶ ὅπως τὴν μεταστροφὴν ἠσπάσαντο· τὴν μετὰ τὴν σύνοδον [illegible] ὕστερον· ὅσα τε ἐν Ἀντιοχείᾳ· Τύρῳ τε καὶ Αἰλίᾳ· Ἀλέξανδρός τε ἐς τὴν Κωνσταντίνου αὐτὴν διεπράξαντο· κατά τε Εὐσταθίου καὶ Ἀθανασίου [illegible] ἀλλὰ [illegible]· ἔστα τὰ κατὰ τὴν μακαρίαν Ἑλένην· ὡς ἐς Ἱεροσόλυμα γενομένη, τὸν τίμιον ἀνηῦρε τοῦ Κυρίου σταυρόν· ὅσοις τε καλοῖς [illegible] ἐς σεμνῶς [illegible]· καὶ οἷον τέλος καὶ αὐτὴ ἐχρήσατο· πολλὰ δὲ καὶ ἕτερα ἐν τῷ μεταξὺ διαλήψεται· [illegible] τῶν Μελιτιανῶν Ἀστερίου τε καὶ Μάρκου καὶ Ναυατιανῶν· ἐς ὡς δι[illegible] [illegible]· ἐπεὶ δὲ πᾶσι τούτοις, περὶ τοῦ μακαρίου τέλους διαλήψεται Κωνσταντίνου· ἐς ὡς περιφανῶς τῆς ἀνηκούσης κηδείας τετύχηκε· θαυμάτων καὶ μυρίων αὐτὸς [illegible] γενόμενος αὐτουργός· χρεὼν δὲ [illegible] τῶν ἔργων, ἐντεῦθεν ποιήσομαι τὴν ἀρχήν:

Κεφ. β΄

Τῷ θειοτάτῳ Κωνσταντίνῳ, πατὴρ Κωνστάντιος· ὃν Χλωρὸν ἐπώνυμον· [illegible] δὲ, [illegible] ὠνόμαστο· [illegible] ἐβασίλευσαν τὸ γένος ἀνέφερε· Κλαυδίου καὶ [illegible] θυγατριδοῦς ἐγνωρίζετο· [illegible] Διοκλητιανὸν [illegible] ἑαυτοῦ Αὐρήλιον ἐς τὴν ἀρχὴν παρεῖναι, τὴν βασιλείαν [illegible] διεῖπεν· [illegible] Πέρσαι· Σαρμάται δὲ [illegible] καὶ [illegible] κατα[illegible]

Quae necessario de Constantino historiae tyrannorum sunt inserta, ea deinceps seorsim perstringenda

Quibus deinceps religionis eius declarationibus [illegible] tendit

for. hic deest ἀποσπώμενοι vel simile quidquam

Constans pater Constantini
Capitulo 12 lib. [illegible]
[illegible]

➤ **Abb. 22.** *Nikephoros Kallistos Xanthopulos, Historia ecclestiastica (griechisch). Konstantinopel, um 1320.*
Textseite mit Zierseite und Halbfigur des Kaisers Konstantin I.
Wien, Österreichische Nationalbibliothek, Cod. hist. gr. 8, Bl. 158r.
Die Kirchengeschichte des Nikephoros Kallistos Xanthopulos (ca. 1256–ca. 1335) ist einzig und allein in der Wiener Handschrift Cod. hist. gr. 8 überliefert. Dieser „Codex unicus" stellt wohl das Widmungsexemplar des Autors an Kaiser Andronikos II. Palaiologos (1282–1328) dar. Die in Konstantinopel um 1320 in kursiver Minuskel verfaßte Handschrift ist relativ bescheiden ausgeschmückt. Umso höheren textgeschichtlichen Wert hat die Handschrift, die später in den Besitz von König Matthias übergehen konnte. Eine lateinische Bearbeitung wurde bereits im 16. Jahrhundert angefertigt, bis 1530 der erste Druck des Textes erfolgte. Der Codex war 1526 von den Türken verschleppt worden, konnte aber wieder zurückgekauft werden; er war unter Kaiser Ferdinand I. bereits in der Wiener Hofbibliothek. (65% d. Originalgröße)

Abb. 23. *Claudius Ptolemaios, Geographia (griechisch).*
Geschrieben von Johannes Thettalos Skutariotes 1454 in Florenz; reich mit aquarellierten Karten ausgestattet.
Karte der Ägäis, des Hellesponts, der Propontis und des westlichen Schwarzen Meeres.
Wien, Österreichische Nationalbibliothek, Cod. hist. gr. 1, Bl. 66r.
In einer prachtvollen humanistischen Kopie liegt die „Geographie" des Ptolemaios in Cod. hist. gr. 1 der Österreichischen Nationalbibliothek vor. Initialen, Zierleisten und vor allem geographische Karten bilden einen reichen Schmuck; auch der originale Einband ist noch erhalten. König Matthias gelang die Erwerbung dieser grundlegenden Darstellung der antiken Geographie; aus dieser Handschrift wurde 1482 in Buda eine zweite, heute in Oxford befindliche Handschrift abgeschrieben. Nach dem Tode des Königs kam der Codex in den Besitz des Propstes Martin Hacz zu Varasdin, um schließlich 1576 im Eigentum der Hofbibliothek zu Wien achweisbar zu sein. (43% d. Originalgröße) ➤

ΕΥΞΕΙΝΟΥ ΠΟΝΤΟΥ ΜΕΡΟΣ
ΜΥΣΙΑ Η ΚΑΤΩ:
ΘΡΑΚΗ:
ΠΡΟΠΟΝΤΙΣ
ΕΛΛΗΣΠΟΝΤΟΣ
ΑΙΓΑΙΟΥ ΠΕΛΑΓΟΥΣ ΜΕΡΟΣ

OPERA VIRGILII

➤ ***Abb. 24.*** *Einband des Corvinenmeisters für Matthias Corvinus, im Stil der Flechtwerkeinbände, Buda, vor 1490.*
Rotes Maroquin über Holz, mit Blinddruck und Handvergoldung.
Vergil, Werke (lateinisch); illuminierte Handschrift aus Florenz, 3. Viertel des 15. Jahrhunderts.
Wien, Österreichische Nationalbibliothek, Cod. 92, Vorderdeckel. (82% d. Originalgröße)

Abb. 25. *Einband des Corvinenmeisters im Stil der Flechtwerkeinbände, Buda, 1481.*
Braunrotes Maroquin über Holz, mit Blinddruck und Golddruck.
T. Lucretius Carus, De rerum natura. Florenz, um 1470.
Wien, Österreichische Nationalbibliothek, Cod. 170, Vorderdeckel. (Originalgröße) ➤

◄ **Abb. 26.** *Einband des Corvinenmeisters im Stil der Flechtwerkeinbände, Buda, vor 1490. Prachtvoller roter Maroquinband über Holz, mit Blinddruck und Golddruck. Thomas de Aquino, Catena aurea. Bologna, 1468. Wien, Österreichische Nationalbibliothek, Cod. 1391, Vorderdeckel. (66% d. Originalgröße)*

Abb. 27. Einband des Corvinenmeisters im Stil der Flechtwerkeinbände, mit Lederausschnittarbeit, Buda, vor 1490.
Dunkelrotes Maroquin über Holz, mit Blinddruck, Golddruck, blauer und roter Bemalung und Lederausschnittarbeit.
Hieronymus, Bibelkommentare (lateinisch). Florenz, um 1488/90.
Wien, Österreichische Nationalbibliothek, Cod. 930, Vorderdeckel. (63% d. Originalgröße) ➤

◄ ***Abb. 28.*** *Einband des Corvinenmeisters, im Stil der Einbände mit rapportierendem Muster, Buda, vor 1490.*
Schwarzblaues Maroquin über Holz, mit Blinddruck, Handvergoldung, Bemalung und Ledereinlage.
ʿAlī ibn Riḍwān, Ptolemaioskommentar. Prag, um 1400.
Wien, Österreichische Nationalbibliothek, Cod. 2271, Vorderdeckel. (82% d. Originalgröße)

Abb. 29. Einband des Corvinenmeisters im Kreisbogenstil. Buda, bald nach 1490.
Dunkelrotes Leder über Holz, mit Blinddruck, Handvergoldung, Bemalung und Lederausschnittarbeit.
Hieronymus, Epistolae. Neapel, 1465–70.
Wien, Österreichische Nationalbibliothek, Cod. 644, Vorderdeckel. (49% d. Originalgröße) ➤

◄ **Abb. 30.** *Einband des Corvinenmeisters im Stil der Architektureinbände, Buda, bald nach 1490.*
Dunkelrotes Maroquin über Holz, mit Blinddruck, Golddruck und farbigen Kreisplättchen.
Theophylaktos von Ochrid, Pauluskommentar (lateinisch).
Florenz, um 1488/90.
Wien, Österreichische Nationalbibliothek, Cod. 656, Vorderdeckel. (63% d. Originalgröße)

Abb. 31. *Einband für König Wladislaw II. von Ungarn, Buda, um 1495.*
Rotbraunes Schafleder über Holz, mit Gold- und Silberdruck und Bemalung.
Hieronymus, Interpretatio Ezechielis prophetae (lateinisch).
Florenz, um 1485/90.
Wien, Österreichische Nationalbibliothek, Cod. 654, Vorderdeckel. (59% d. Originalgröße) ➤

➤ ***Abb. 32.*** *Einband für König Wladislaw II. von Ungarn, Buda, um 1495.*
Reichverziertes rotbraunes Schafleder über Holz, mit Gold- und Silberdruck und Bemalung.
Martinus Polonus, Margarita decreti (lateinisch). Mailand (?), 70er oder 80er Jahre des 15. Jahrhunderts.
Wien, Österreichische Nationalbibliothek, Cod. 2139, Vorderdeckel. (67% d. Originalgröße)

Humanisten, aus. Etliche von ihnen waren auch in direkten Kontakt zum ungarischen Hof getreten. Das humanistische Schrifttum hatte Schwerpunkte in Grammatik, Philologie, Poetik, Rhetorik, Historiographie und Moralphilosophie; dazu treten etliche Fachschriftsteller. Der große Wegbereiter des Platonismus war Marsilius Ficinus aus Florenz. Kardinal Bessarion war der Mäzen der griechischen Humanisten in Italien und der große Förderer des Platonismus geworden; seine Handschriftensammlung sollte den Grundstock der Biblioteca Marciana in Venedig werden. Eine universelle Gelehrsamkeit zeichnete den Griechen Georg von Trapezunt aus. Als Historiker erwarben sich große Verdienste Männer wie Flavio Biondo, Antonius de Bonfinis, Benvenutus de Rambaldis, Thomas Seneca, Felix Petancius Ragusinus. Zu den großen Autoritäten des philologisch und philosophisch geschulten italienischen Humanismus zählen Angelo Poliziano, Donatus Acciaiolus aus Florenz, Baptista Mantuanus, Domitius Calderinus, Bartholomaeus Fontius aus Florenz, Georgius Merula, Baptista Guarino. Neapolitanische Staatsmänner waren Petrus Ransanus und Diomedes Carafa. Als glanzvolle Vertreter der Renaissancearchitektur treten Leone Battista Alberti und Antonius Averulinus vor unsere Augen. Als Astronomen zeichneten sich vor allem Johannes Regiomontanus, Johannes Angeli und Hohann Tolhopff aus. Werke über und an Matthias Corvinus schrieben etwa Naldus Naldius, Felix Petancius, Ludovicus Carbo, Alexander Cortesius, Andreas Pannonius. Schon diese wenigen Andeutungen mögen das reiche Panorama der humanistischen Literatur veranschaulichen.

Schon die fragmentarisch bleibende Rekonstruktion des ursprünglichen Bestandes der Bibliothek von König Matthias zeigt den unermeßlichen Wert der Sammlung in künstlerischer ebenso wie in inhaltlicher Hinsicht auf. Umso schmerzlicher müssen die Verluste empfunden werden, die dieser einmaligen Sammlung durch die Ungunst der Geschichte zugefügt wurden. Mochte König Matthias auch „pro ingenii voluptate“ und „pro regni decore“, also zum eigenen geistigen Vergnügen und zum Ruhm des Reiches, gesammelt haben, war sich schon der Begründer der Sammlung des kulturpolitischen Wertes der Bücherei bewußt. So ist es auch dankbar zu vermerken, daß seine Tat nicht ohne Spuren blieb, sondern für die Förderung des europäischen Humanismus und der humanistischen Gesinnung und Bildung in Europa von ausschlaggebender Bedeutung wurde.

VI.
DAS SCHICKSAL DER BIBLIOTHECA CORVINIANA NACH DEM TODE VON KÖNIG MATTHIAS

Beim Tode des Königs Matthias Corvinus waren noch etliche Handschriften in Arbeit und Auftrag; hatten doch die letzten Lebensjahre des bibliophilen Fürsten den Höhepunkt im Aufbau der kostbaren Büchersammlung bedeutet. Doch der Tod des Sammlers unterbrach ziemlich abrupt die weitere Entwicklung der Bibliotheca Corviniana, die von da ab einem Verfall entgegensah, bis sie nach 36 Jahren praktisch nicht mehr bestand. Eine systematische Förderung war ja auch eng mit der humanistischen Gesinnung und dem humanistischen Bildungsideal des Besitzers verbunden; fiel dieser Impuls weg, war der Lebensnerv einer humanistischen Fürstenbibliothek getroffen.

Der Nachfolger von Matthias, König Wladislaw II. (1490–1516), war der Aufgabe der Erhaltung der kostbaren Bibliothek nicht mehr ganz gewachsen. Die Mittel des königlichen Haushaltes wurden gekürzt, was auch die Bibliothek spüren mußte. Die drohende Türkengefahr beanspruchte die Kräfte; der Niedergang des Reiches gipfelte denn auch in der Katastrophe von Mohács (1526).

Ein erster Schlag erfolgte dadurch, daß an die 150 Codices in Florenz verblieben; aus einer Korrespondenz von 1498 erfahren wir, daß sie in den Besitz der Familie Medici gelangt waren.

Als der ungarische König keine Möglichkeit hate, die finanziellen Verpflichtungen zu klären, wurden kostbare Bücher offenkundig direkt aus den Ateliers der Buchkünstler von den Mediceern übernommen. Aber auch andere Sammler zogen daraus Nutzen. Schon Kaiser Maximilian I. hatte versucht, Corvinen für seine Sammlung zu erwerben. Die Familie Capponi erwarb eine kostbare Brevier-Handschrift gegen Bezahlung der Schuld (wohl Cod. Urb. lat. 112 der Vaticana). Aus einem Bericht des Wiener Dozenten Georg Tanner von 1555 geht hervor, daß die Dominikaner zu Venedig eine Anzahl von bestellten Corvinen erworben hatten; auch der venezianische Adelige Niccolo Zeno wird als Besitzer lateinischer und griechischer Handschriften, die ursprünglich für die Corviniana bestimmt gewesen waren, genannt. Als der Hof des ungarischen Königs sich 1490 rasch aus Wien zurückzog, dürften sicher Bücher zurückgeblieben oder in andere Hände gekommen sein. Auch Johannes Corvinus, der uneheliche Sohn von Matthias, konnte Corvinen an sich bringen; über seine Witwe, die Georg von Brandenburg geheiratet hatte, kamen später Corvinen an andere Sammler.

Die Aktivitäten der Ateliers der Buchkünstler, die für Matthias gearbeitet hatten, wurden zwar nicht abrupt beendet. Der Corvinenmeister arbeitete noch einige Jahre nach 1490 und stellte Einbände für Wladislaw II. her. Darunter befanden sich auch besonders schöne Stücke wie der Einband mit Architekturmotiven des Cod. 656 der Österreichischen Nationalbibliothek oder ein Kreisbogeneinband wie der Cod. 644 der gleichen Bibliothek. Der Corvinenmeister hat keine ebenbürtigen Nachfolger gefunden; wohl haben sich einige Buchbinder ihr Wissen bei ihm geholt, sind aber dann andere Wege gegangen. Die Österreichische Nationalbibliothek besitzt noch vier Einbände über Handschriften der Bibliotheca Corviniana, die in die Zeit von Wladislaw II. zu datieren sind und wohl aus der Zeit um 1495 stammen, nämlich Cod. 44, 653, 2139 und 654. Ihr gemeinsames Kennzeichen ist die Verwendung rotbraunen Schafleders, das mit Blinddruck, Handvergoldung und bunter Bemalung verziert ist. Das Ineinander von Gold, Silber, blauer Bemalung und Blinddruck auf dem warmen goldbraunen Untergrund bietet ein farbenprächtiges Bild, freilich einen von den eigentlichen Corvinenbänden ganz verschiedenen Eindruck. Die Komposition des Schmuckes ist charakterisiert durch mehrfarbige Rahmen aus Flechtwerk und aus fleuralem Ornament um ein Mittelfeld, das von Bordüren oben und unten abgeschlossen ist und Kreismuster in seiner Mitte aufweist, wohl eine Reminiszenz an den Kreisbogenstil der Corvinen. Mitunter ist die orientalisierende Einteilung des Mittelfeldes in ein Mittelstück und vier Eckstücke zu beobachten. Durch die Forschungen von Ilse Schunke ist der Meister bekannt; er wird mit dem Notnamen des Wiener Wappenmeisters GE bezeichnet, der beim Corvinenmeister Ausbildung genossen hatte.

Aus den Quellen kann auch die Existenz eines Skriptoriums und einer Miniatorenwerkstatt in Buda selbst unter Matthias Corvinus rekonstruiert werden, mochte auch der Großteil der Aufträge auswärts vergeben worden sein. Handschriften, die um 1490 in Buda im königlichen Atelier in Arbeit waren, wurden noch vollendet, was etwa bis 1492 der Fall gewesen sein dürfte. Noch 1495 wird der Abt von Madocsa, zu identifizieren mit Johannes Antonius Cattaneus de Mediolano, einem Dominikaner, als „miniator librorum regiorum ex commissione Regie Maiestatis“

angesprochen. Cattaneus dürfte sowohl des Rubrizierens wie des Illuminierens von Handschriften kundig gewesen sein; kunsthistorische Analysen wollten in seiner Wirksamkeit die Ursache von oberitalienischen Einflüssen in der Illustration von Corvinen sehen. Wenn aber nach den Forschungen von Csaba Csapodi unter den „königlichen Büchern" nicht Bände der königlichen Bibliothek, sondern Registerbücher der königlichen Kanzlei zu verstehen sind, entfällt das Argument für eine Wirksamkeit Cattaneus' für die Bibliotheca Corviniana noch in der Mitte der 90er Jahre des 15. Jahrhunderts. Das Fehlen von Zahlungen an königliche Schreiber läßt den Schluß zu, daß die königlichen Ateliers nicht mehr das Jahr 1500 erlebten. So darf angenommen werden, daß die Ateliers sich in den 90er Jahren relativ rasch aufgelöst haben; ihre Beschäftigten müssen das Land verlassen haben oder in andere Dienste getreten sein.

Zunächst waren noch einige Humanisten nach dem Tode von Matthias am königlichen Hof geblieben. Man denke an Bonfini, an Cintio di San Sepolcro, an Iulius Aemilius. Allmählich orientierte sich der ungarische Hof stärker nach Österreich und Böhmen, was sich in den Namen österreichischer und böhmischer Humanisten, die als Gäste am königlichen Hof weilten, niederschlägt. Man denke an Bohuslav Lobkowitz von Hassenstein, an Johannes Schlechta, an Augustinus von Olmütz, an Conrad Celtis, an Johannes Alexander Brassicanus, an Gremper, an Johannes Cuspinianus. Einige Bücher wurden noch an Wladislaw II. gewidmet, so etwa die „Rerum Hungaricarum decades" von Bonfini. Da aber eine bibliothekarische Betreuung fehlte, geriet die Bibliothek des Königs bald in den Zustand der Verkommenheit. Schon 1498 beklagt Lobkowitz, daß die Bibliothek in Staub und Schmutz liege. In dieser Zeit müssen auch die Veräußerung und die Entlehnung von Bänden begonnen haben. Corvinen überlebten in großer Anzahl, weil Humanisten und Gesandte sie als Geschenke oder Entlehnungen (die nie zurückgegeben wurden) mit sich nahmen. Auch das Interesse der Königin Anna an Büchern konnte den Verfall nicht aufhalten. Der englische Gesandte Christopher Urswick erhielt 1502 Handschriften als Geschenk. Habsburgische Delegierte, vor allem der Humanist Johannes Cuspinianus, der Ungarn oftmals besuchte, verschafften sich kostbarste Bände aus der Corviniana. Zahlreiche Handschriften erwarb Johannes Alexander Brassicanus, aus dessen Besitz die Bücher später in die Bibliothek des Wiener Bischofs Johannes Fabri († 1541) übergingen, von wo sie den Weg über das Collegium ad S. Nicolaum und die alte Wiener Universitätsbibliothek fanden und 1756 in die kaiserliche Hofbibliothek gelangten. Schon 1519 bedauerte Caelius Calcagnini das Überhandnehmen von Würmern und Insekten in der einst so kostbaren Bibliothek. Im Jahre 1520 klagte der venezianische Gesandte Francesco Massero, daß alle guten Bücher aus der Corviniana bereits weggenommen worden seien. Mochten aber auch zahlreiche, vor allem wertvolle Bücher den Weg nach dem Westen gefunden haben, so blieb sicher die Mehrzahl des Bestandes, darunter vor allem wohl auch weniger anspruchsvoll verzierte Codices, in Buda, als die Türken in das Land brachen.

Die politischen Verhältnisse hatten sich zu Beginn des 16. Jahrhunderts dramatisch zugespitzt. Wladislaw II. konnte zunächst noch mit Sultan Bayezid II. mehrmals Waffenstillstände schließen. Ein 1495 geschlossener Waffenstillstand für drei Jahre wurde in den folgenden Jahren zeitweilig durch Grenzkämpfe und Einfälle unterbrochen, dann aber am 20. 8. 1503 für sieben und am 16. 7. 1510 für weitere drei Jahre verlängert. Doch ging die Oberhoheit über das Fürstentum Moldau verloren; die Vorfelder der ungarischen Grenzen schwanden dahin. Im Jahre 1506 wurde Wladislaw von seiner dritten Gemahlin Anna der Thronfolger Ludwig geboren. Die Vereinbarung zwischen Habsburgern und Jagiellonen bezüglich der Erbfolge in Ungarn auf dem Preßburger Kongreß von April/Mai 1515 endete mit der formalen Trauung der jugendlichen Ehepartner Ludwig und Maria bzw. Ferdinand und Anna in Wien im Juli 1515. Als König Wladislaw II. am 13. 3. 1516 starb, wurde die Nachfolge seines Sohnes Ludwig nicht angefochten; ein Staatsrat übernahm die Regentschaft, bis Ludwig 1521 die Regierung selbst in die Hand nehmen konnte. Im Dezember 1521 wurde auch seine Gemahlin Maria gekrönt. Die Auseinandersetzung zwischen königlichen Magnaten und Adel brachte leider auch eine Schwächung der Verteidigungsfähigkeit, was angesichts der Türkengefahr tödlich sein mußte. Solange Sultan Bayezid II. regierte, war die Verlängerung der Waffenstillstände relativ einfach; Wladislaw II. war auch allen Versuchen der Kurie, ihn für eine antitürkische Liga zu gewinnen, stets ausgewichen. Nach dem Tode Bayezids II. im Jahre 1512 fanden alsbald Grenzkämpfe statt, bis erst wieder 1519 ein dreijähriger Waffenstillstand zustande kam. Nach dem Tode von Sultan Selim I. (21. 9. 1520) forderte Sultan Süleyman II. „der Prächtige" sofort Tributzahlungen für den weiteren Frieden und brach nach deren Verweigerung 1521 zum ersten seiner sechs Ungarnfeldzüge auf. Nach dem Fall von Belgrad waren alle Festungen und Banschaften südlich der Save in osmanischer Hand. Im Frühjahr 1526 begann Süleyman seinen zweiten Feldzug. Dem Riesenheer des Sultans von etwa 70.000 Mann hatte König Ludwig nur etwa 25.000 Mann entgegenzustellen, da die Aufgebote nur zögernd befolgt wurden. Die Schlacht von Mohács am 29. 8. 1526 endete daher bereits nach knapp zwei Stunden mit der vollständigen Niederlage des schlecht ausgebildeten und gegen eine feuerkräftige türkische Armee anstürmenden ungarischen Heeres. Der König ertrank auf der Flucht, zwei Erzbischöfe, fünf Bischöfe, zahlreiche Magnaten fielen. So lag das Land schutz- und führerlos da. Buda wurde von den Türken erobert und verwüstet, zahlreiche Einwohner wurden verschleppt; doch zogen die Türken Ende September wieder ab.

Königin Maria war auf die Nachricht von der Katastrophe hin geflohen. Es gibt keine Nachricht, daß sie Bücher aus der Bibliotheca Corviniana mitgenommen hätte; nur ein Missale Romanum (heute Bruxelles, Bibliothèque Royale, Ms. 9008) fand den Weg nach dem Westen aus dem Hab und Gut der Königin Maria. Hinweise aus späteren Quellen lassen darauf schließen, daß sich in diesen kritischen Tagen vor der Erstürmung Budas auch Einwohner der Stadt Bücher aneigneten.

Die Lage Ungarns wurde inzwischen durch den Thronstreit zwischen dem Habsburger Ferdinand I. und dem Thronprätendenten Johann Zapolya prekär; Ungarn wurde zum Kampfplatz der Auseinandersetzung sogar zwischen Habsburg, Frankreich und den Türken. Suleyman anerkannte Zapolya als König und Vasallen, aber Ferdinand konnte 1527 gekrönt werden. Im Jahre 1529 unternahm Süleyman seinen dritten Ungarnzug, in dessen Rahmen es auch zur Belagerung von Wien kam. Auch jetzt folgte noch keine türkische Besetzung Ungarns, so daß die beiden Gegenkönige auf ihre eigenen Kräfte angewiesen waren. Im Sommer 1532 unternahm Süleyman den vierten Ungarnzug, erschöpfte sich aber in der vergeblichen Belagerung von Güns (Köszeg). In den folgenden Jahren führte Ferdinand Friedensverhandlungen in Istanbul, 1538 wurde der Friede von Großwardein zwischen Ferdinand und Zapolya abgeschlossen. Entgegen der Abmachungen wurde aber Zapolyas eben geborener Sohn Johann Sigismund 1540 zum König von Ungarn ausgerufen, nachdem Johann Zapolya eben gestorben war. Der Sultan zog nun zum fünften Mal im Sommer 1541 nach Ungarn und erklärte Zentralungarn bis zur Theiß zum Paschalik Ofen. Die Verwaltung wurde auf Dauer eingerichtet und in den folgenden Jahren erweitert. Ofen wurde nach Ausweisung der adeligen Bevölkerung zur türkischen Provinzstadt mit christlicher und jüdischer Bevölkerung. Ungarn war nun dreigeteilt. Das habsburgische Königreich Ungarn war auf Kroatien und einen schmalen Streifen von West- und Oberungarn beschränkt; das Paschalik Ofen umfaßte die zentrale Tiefebene und Slawonien und wurde ständig gegen Norden und Westen erweitert; unter türkischer Oberherrschaft stand das Fürstentum Siebenbürgen. Der letzte Ungarnzug Süleymans von 1566 – bei dem der Sultan starb – vergrößerte nochmals den türkischen Anteil nach Westen. Bis 1593 folgte nun eine Periode ständig erneuerter Waffenstillstände. Der Rudolfinische Türkenzug von 1593 bis 1606 beendete eine Periode relativ ruhiger Entwicklung in den Landesteilen Ungarns. Weder der Kaiser noch die Osmanen hatten aber die Macht, den Besitzstand entscheidend zu verändern. Neue Kräfte stellte indes das Fürstentum Siebenbürgen und der auflebende ungarische Protestantismus dar. Der große Kampf zwischen Habsburg und Osmanen ruhte nach dem Frieden von Zsitva Torok für mehr als ein halbes Jahrhundert.

In diesen unruhigen Jahrzehnten erfuhr die Bibliotheca Corviniana ein trauriges Schicksal. Zwar sind die Quellen des 16. und 17. Jahrhunderts sehr widersprüchlich. Hatten die Gelehrten des 16. Jahrhunderts noch den allgemeinen Niedergang der kostbaren Sammlung beklagt, sprechen Berichte des 17. Jahrhunderts von der Existenz eines beachtlichen Bestandes auf der Burg von Buda. Noch 1666 sah der kaiserliche Bibliothekar Peter Lambeck hunderte von Büchern im königlichen Palast, wenn auch in traurigem Zustand.

Zu Ende des 17. Jahrhundert mißlang der letzte Versuch der Osmanen, in Mitteleuropa einzudringen; im Gegenschlag vermochten die Habsburger, die Osmanen aus dem zentralen Donauraum zu verdrängen; nach mehr als hundertfünfzigjähriger Trennung konnte Ungarn wieder vereinigt werden, allerdings unter dem Preis einer entsetzlichen Kriegsverwüstung, einer gewaltsamen Rekatholisierung, einer Schmälerung der Rechte von Adel und Reichstag. Am 2. 9. 1668 wurde Buda wieder erobert. In mehreren Etappen vollzog sich die Unterstellung Siebenbürgens unter die habsburgische Herrschaft.

Als 1686 der italienische Ingenieur Marsigli den königlichen Palast in Buda besichtigte, stieß er auf eine Büchersammlung, die er für die Reste der Bibliothek von Matthias Corvinus hielt. Im Jahre 1688 erschien die erste Veröffentlichung einer Beschreibung der Bibliothek; an die 300 Bände wurden in der Folge nach Wien verbracht.

Die neue Forschung hat Klarheit in die widersprüchliche Quellenlage gebracht. Es darf angenommen werden, daß Handschriften und Drucke in der Burg von Buda noch unter der türkischen Okkupation vorhanden waren. Zu wiederholten Malen wurden Versuche unternommen, sich der Büchersammlung zu bemächtigen, so etwa von Georg Rákóczi I. von Siebenbürgen oder 1616 von Graf Adolf Althan; 1629 suchte der Jesuit Corderius um Zutritt an. Als endlich 1666 Peter Lambeck eine Inspektion gelang, bemerkte er in einer Krypta an die 300 bis 400 Bände in Haufen herumliegen, voll von Schmutz und Unrat; er durfte drei Bücher – einen Gregor von Nazianz, einen Augustinus, einen Janus Pannonius – mitnehmen. Doch die Vermutung, daß die Sammlung, die noch Marsigli 1686 sah und aus der an die 300 Bände nach Wien verbracht wurden, die letzten Reste der Bibliotheca Corviniana seien, hatte sich als irrig erwiesen. Die 54 identifizierten Corvinen der Wiener Hofbiblithek und heutigen Österreichischen Nationalbibliothek – von denen 17 nach dem Ersten Weltkrieg an die Széchényi-Bibliothek in Budapest zurückgegeben wurden – zählten keineswegs zu Teilen des Transportes von 1686, vielmehr waren sie bereits von Brassicanus, Cuspinian und Fabri nach dem Westen verbracht worden. Andererseits beweisen formale und inhaltliche Gegebenheiten der Bücher, die 1686 nach Wien verbracht wurden, daß sie nicht zur Corviniana zu zählen seien. Die Forschungen von Csaba Csapodi haben etwa gezeigt, daß der Anteil kirchlicher Literatur bei den erhaltenen Corvinen im Gegensatz zur profanen Literatur 33 : 67 beträgt, hingegen bei den 1686 gefundenen Büchern umgekehrt 62,1 : 37,9%. Auch überwiegen Drucke gegenüber Handschriften; viele Schwerpunkte sind deutlich anders gesetzt. Der einzige Schluß, der daraus gezogen werden kann, ist jener, daß es sich um Reste einer anderen Bibliothek gehandelt haben muß. Es könnte der Bestand der königlichen Kapelle in der Burg zu Buda gewesen sein, die ja ein großes Personal besessen hatte und daher entsprechendes Bedürfnis vor allem an kirchlicher Literatur gehabt haben mußte. Die eher unscheinbaren Bücher überdauerten die Plünderung von 1526 eher als die kostbar gebundenen und illuminierten Bände der königlichen Bibliothek.

Die berühmte Bibliotheca Corviniana muß also viel früher zugrunde gegangen sein. Am wahrscheinlichsten dürfte sein, daß zur ungeheuren Beute, die Süleyman bei der ersten Eroberung von Buda 1526 machte, auch die Bestände der Corviniana gehörten. Nur so kann erklärt werden, daß Bücher aus der Corviniana aus Istanbul zurückerworben werden konnten, und zwar vom 16. Jahrhundert an bis zum Jahre 1877, als Abdul Hamid die letzten Corvinen den Ungarn übermittelte. Trotz aller Verluste bei Plünderung und Transport dürfte ein guter Teil der Bücher in die Schatzkammer des Sultans nach Istanbul gelangt sein. Auch eine Analyse der Aussagen von Quellen zwischen 1526 und 1541 weisen darauf hin, daß nach 1526 die Bibliotheca Corviniana nicht mehr an ihrem angestammten Platz verwahrt wurde. So war auch die öffentliche Meinung des 16. Jahrhunderts vom Untergang der Corviniana überzeugt; kein Reisender erwähnte die Bestände; hingegen kam es fallweise bereits im 16. Jahrhundert zum Erwerb von Corvinen in Istanbul. So konnte zum Beispiel Antal Verancsics 1557 einen Codex des Thomas von Aquin (Österreichische Nationalbibliothek, Cod. 1391) aus Istanbul nach Wien verbringen, der kaiserliche Rat Marcus Singknoser 1550 einen Dionysius Areopagita (Besançon, Bibliothèque municipale, Ms. 166) erwerben. Die Reisenden des 16. Jahrhunderts bewunderten in der Burg von Buda die Räume der ehemaligen königlichen Bibliothek, meldeten aber nichts mehr von deren Beständen. Die im 17. Jahrhundert einsetzenden Berichte über Reste der königlichen Bibliothek betrafen augenscheinlich eine andere Bibliothek – etwa die der königlichen Kapelle –, die irrtümlich als Corvinianta angesehen worden war.

Auch in Istanbul waren die 1526 verschleppten Corvinen lange den Zufälligkeiten des Schicksals ausgesetzt; Mäuse, Würmer, Schmutz, Feuer brachten erhebliche Substanzverluste; dazu trat die eine und die andere Veräußerung. Als endlich im 19. Jahrhundert europäische Gelehrte den Zutritt zum Serail in Istanbul erhielten, konnten sie 16 authentische und einige fragliche Corvinen identifizieren; 1869 und 1877 kamen derart Corvinen als Geschenk des Padischah nach Ungarn zurück.

Die Zerstreuung der Bestände der königlichen Bibliothek ist ein klassisches Beispiel für Handschriftenwanderungen. Durch den Umstand, daß Bücher auf den verschiedensten Wegen aus der Bibliothek entnommen wurden, sind die erhaltenen Bücher über viele Bibliotheken der modernen Zeit verstreut. Humanisten und Diplomaten, Hofleute und Fürsten, Soldaten und Bürger, Europäer und Türken hatten Corvinen an sich gebracht; mitunter war die Verschleppung sogar positiv zu bewerten, da eben dadurch Bücher, die sonst der Vernichtung anheim gefallen wären, der Nachwelt erhalten blieben.

Echte, vermutliche und zweifelhafte Corvinen wurden von der Forschung in folgenden Bibliotheken festgestellt:

Admont, Stiftsbibliothek (1 Handschrift);
Berlin-Dahlem, Staatsbibliothek Preußischer Kulturbesitz (5 Handschriften);
Besançon, Bibliothèque municipale (10 Handschriften);
Bologna, Biblioteca Universitaria (6 Handschriften);
Bratislava, Ustredná Knižnica SAV, Lycealna Knižnica (1 Handschrift);
Bruxelles, Bibliothèque royale (1 Handschrift);
Budapest, Bibliothek der Ungarischen Akademie der Wissenschaften (A Magyar Tudományos Akademia Könyvtára; 3 Handschriften);
Budapest, Universitätsbibliothek (Egyetemi Könyvtár, 36 Handschriften);
Budapest, Nationalbibliothek (Országos Széchényi Könyvtár, 60 Handschriften);
Cambridge, Trinity College Library (1 Handschrift);
Cambridge (Massachusetts), Harvard University Library (2 Handschriften);
Città del Vaticano, Biblioteca Apostolica Vaticana (15 Handschriften);
Dresden, Sächsische Landesbibliothek (4 Handschriften);
Dublin, National Library of Ireland (1 Handschrift);
Erlangen, Universitätsbibliothek (3 Handschriften);
Escorial, Biblioteca (2 Handschriften);
Esztergom, Kathedralbibliothek (3 Handschriften, 2 Inkunabeln);
Firenze, Biblioteca Mediceo-Laurenziana (11 Handschriften);
Göttingen, Niedersächsische Staats- und Universitätsbibliothek (1 Handschrift);
Gotha, Landesbibliothek (1 Handschrift);
Göttweig, Stiftsbibliothek (1 Handschrift);
Györ, Bischöfliche Seminarbibliothek (3 Handschriften);
Gyöngyös, Filialbibliothek der Széchényi-Bibliothek (1 Inkunabel);
Hamburg, Staats- und Universitätsbibliothek (1 Handschrift);
Hannover, Niedersächsische Landesbibliothek (1 Handschrift);
Holkham, Wells, Norfolk, Library of the R. H. Earl of Leicester (1 Handschrift);
Innsbruck, Universitätsbibliothek (1 Inkunabel);
Istanbul, Topkapi Serai (5 Handschriften);
Jena, Universitätsbibliothek (2 Handschriften);
Kiel, Universitätsbibliothek (1 Handschrift);
Kraków, Biblioteka Jagiellonska (1 Handschrift);
Kraków, Biblioteka Czartoryskich (1 Handschrift);
Leipzig, Universitätsbibliothek (4 Handschriften);
Leningrad, Eremitage (1 Handschrift);
Leningrad, Saltykov-Ščedrin-Bibliothek (1 Handschrift);
London, British Library (2 Handschriften);
London, Private Collection of M. Robinson (1 Handschrift);
Madrid, Biblioteca nacional (1 Handschrift);
Marosvásárhely (Tirgu Mureş) (derzeit in den USA) (2 Handschriften);
Manchester, Chetham's Library (1 Handschrift);
Melk, Stiftsbibliothek (1 Handschrift);
Mexiko, Privatsammlung Dezsö Lang (1 Handschrift);

Milano, Biblioteca Trivulziana (2 Handschriften);
Modena, Biblioteca Estense (18 Handschriften);
Montpellier, Bibliothèque de la Faculté de médicine (1 Handschrift);
München, Bayerische Staatsbibliothek (12 Handschriften);
Napoli, Biblioteca Nazionale (1 Handschrift);
New Haven, Yale University Library (1 Handschrift);
New York, Pierpont Morgan Library (2 Handschriften);
New York, Public Library (1 Handschrift);
Nürnberg, Stadtbibliothek (1 Handschrift);
Olomouc, Státni Archiv (1 Handschrift);
Oxford, Bodleian Library (4 Handschriften);
Padova, Seminario (1 Handschrift);
Pannonhalma, Bibliothek der Benediktinerabtei (1 Handschrift);
Paris, Bibliothèque nationale (12 Handschriften);
Paris, Bibliothèque de l'Arsenal (1 Handschrift);
Parma, Biblioteca Palatina (1 Handschrift);
Praha, Státni Knihovna ČSSR (4 Handschriften);
Roma, Biblioteca Casanatense (1 Handschrift);
Salisbury, Privatsammlung Major J. R. Abbey (1 Handschrift);
Salzburg, Universitätsbibliothek (2 Handschriften);
Sankt Paul im Lavanttal, Benediktinerstift (1 Handschrift);
Seitenstetten, Stiftsbibliothek (1 Handschrift);
Stuttgart, Württembergische Landesbibliothek (1 Handschrift);
Székesfehérvár, Bischöfliche Bibliothek (1 Inkunabel);
Szentantal, Franziskanerbibliothek (1 verlorene Handschrift);
Szombathely, Bischöfliche Bibliothek (1 Handschrift);
Torun, Stadtbibliothek (3 Handschriften);
Venezia, Biblioteca Nazionale Marciana (7 Handschriften);
Verona, Biblioteca Capitolare (3 Handschriften);
Veszprém, Bischöfliche Bibliothek (1 Handschrift);
Volterra, Biblioteca Guarnacci (1 Handschrift);
Warszawa, Biblioteka Narodowa (1 Handschrift);
Wernigerode, Gr. Stollbergsche Bibliothek (1 Handschrift);
Wien, Österreichische Nationalbibliothek (114 Handschriften);
Wolfenbüttel, Herzog-August-Bibliothek (16 Handschriften);
Wroclaw, Biblioteka Uniwersytecka (1 Handschrift);
Würzburg, Universitätsbibliothek (1 Handschrift);
Zagreb, Nacionalna i sveučilisna Biblioteka (1 Handschrift).

Die Bibliographie der Corvinen aus der Feder von Universitätsprofessor Csaba Csapodi verzeichnet 1040 Nummern, wobei darin neben den authentischen Corvinen auch die nur bezeugten Bücher oder die fälschlich oder vermutungsweise als Corvinen angesprochenen Bücher enthalten sind. An authentischen Corvinen, bei denen die Herkunft aus der königlichen Bibliothek außer Zweifel steht, haben sich indes nur 167 Handschriften erhalten; dazu tritt eine im 2. Weltkrieg vernichtete Handschrift. Ferner können noch hinzugezählt werden: vier Handschriften, die für König Matthias begonnen wurden, aber erst unter Wladislaw II. vollendet wurden; acht Handschriften, die nach Matthias' Tod in Italien verblieben; acht authentische Handschriften aus der Bibliothek von Königin Beatrix; vier Handschriften, die als Geschenke im Auftrag von König Matthias angefertigt wurden; drei Handschriften für Wladislaw II., eine unvollendete Handschrift für Wladislaw II.

Die schönste Bibliothek des ungarischen Humanismus wurde durch die unglücklichen historischen Ereignisse teils vernichtet, teils verschleppt. Man versteht die Gefühle des Humanisten Johannes Alexander Brassicanus, der bei der Beschreibung des Schicksals der Bibliotheca Corviniana Vergil zitiert und sagt: „Wer hielte bei solchem Bericht die Tränen zurück?" Doch ist die Bibliothek dennoch nicht ohne Wirkung geblieben. Sie lebte nicht nur im Gedächtnis der Nachwelt weiter; vielmehr trugen Bände der Corviniana, die nach dem Westen gelangten, durchaus zur Verbreitung des Humanismus bei. Mancher griechische Autor wurde im Original oder in Übersetzung durch eine Corvine gerettet. Auf der Basis von Corvinen erfolgte die Textausgabe des Romans „Aithiopika" des Helidoros von Emesa, der Kirchengeschichte des Nikephoros Kallistos Xanthopulos, der fünf Bücher der Geschichte des Polybios, weiters von Werken des Diodoros von Sizilien, des Kardinals Bessarion, des Salvianus sowie des Briefwechsels von Basileios von Kaisareia und Gregor von Nazianz. Wenn in dem Kuppelfresko der Wiener Hofbibliothek von Daniel Gran aus dem Jahre 1730 auch ein Porträt von Matthias Corvinus aufscheint, wollten Bauherr und Künstler damit dem großen Bibliophilen – mochte er auch einst Wien erobert haben – ihre Reverenz erwiesen. Wenn Bonfini davon sprach, daß der Ruhm des Königs Matthias durch Erz, Marmor und Schrift bestehen bliebe, so sind es nach dem Untergang der plastischen und architektonischen Denkmäler heute nur noch die Handschriften, die von der glanzvollen Kultur des ungarischen Humanismus unter einer der größten Herrscherpersönlichkeiten künden.

VII.
BIBLIOGRAPHIE

Berkovits, Ilona: Illuminated Manuscripts from the Library of Matthias Corvinus. Budapest 1963.

Beschreibendes Verzeichnis der illuminierten Handschriften in Österreich. Neue Folge: Die illuminierten Handschriften und Inkunabeln der Nationalbibliothek in Wien. Leipzig 1923-1938. (Band 1-3 und 5-7 von Hermann Julius Hermann).

Csapodi, Csaba: The Corvinian Library. History and Stock. Budapest 1973 (Studia humanitatis. 1.)

Csapodi, Csaba, und Klára Csapodi-Gárdonyi: Bibliotheca Corviniana. Die Bibliothek des Königs Matthias Corvinus von Ungarn. Budapest 1969 (Englische Ausgabe u.d.T. Bibliotheca Corviniana. The Library of Matthias Corvinus, King of Hungary. Budapest 1969).

Mazal, Otto: Die Einbände für die Könige Matthias I. Corvinus und Wladislaw II. von Ungarn in der Österreichischen Nationalbibliothek. Gutenberg-Jahrbuch 1964, 354-369.

Schunke, Ilse: Vom Stil der Corvineneinbände. Gutenberg-Jahrbuch 1944/49, 209-227.

Unterkircher, Franz: Inventar der illuminierten Handschriften, Inkunabeln und Frühdrucke der Österreichischen Nationalbibliothek. Bd. 1. 2. Wien 1957-1959. (Museion. N. F. Reihe 2, 1.)

Weinberger Wilhelm: Beiträge zur Handschriftenkunde. 1. Die Bibliotheca Corvina. Sitzungsberichte der Kaiserlichen Akademie der Wissenschaften in Wien. Phil.-hist. Klasse 156, 6. Wien 1908.